Bob Greene • Oprah Winfrey
»Ich hab's geschafft«

BOB GREENE
OPRAH WINFREY

»Ich hab's geschafft«

Das 10-Punkte-Trainingsprogramm
für Körper und Seele

Ullstein

INHALT

OPRAHS GESCHICHTE

And the nominees for Best Talk-Show Host are ...« In diesen fünf Sekunden, bevor die Namen aufgerufen werden, wenn das Publikum weltweit gebannt darauf wartet, an wen der Emmy geht, in diesem Augenblick wollen Sie gewinnen – ganz gleich, wer Sie sind oder was man Ihnen erzählt hat, von wegen welche Ehre es ist, allein schon nominiert worden zu sein. Bloß mir, mir war es an diesem Abend tatsächlich egal.

Ich saß in der ersten Reihe und versuchte, mit meinen dicken Knien eine einigermaßen damenhafte Haltung hinzubekommen. Aber ich hatte in diesem Rock noch nie irgendwo gesessen. Er reichte zwar im Stehen bis knapp unters Knie, aber wenn ich Platz nahm, rutschte er hoch. Er war einfach viel zu kurz für eine kleine Dicke, die in der ersten Reihe sitzt, während eine Kamera jede Bewegung einfängt.

Ich hätte nicht kommen sollen, dachte ich. Ich hätte einfach zu Hause bleiben sollen. Ich hätte eine Nachricht schicken sollen, daß ich krank bin. Ich hätte ein längeres Kleid anziehen sollen. Ich hätte abnehmen müssen.

Als dann die Videos der anderen Talk-Shows liefen, überlegte ich mir, wen ich gern an meiner Statt gewinnen sehen würde. Phil, betete ich. Ja, lieber Gott, laß Phil Donahue gewinnen. Damit ich nicht aufstehen, meinen Rock herunterziehen und auf die Bühne wackeln muß, während die ganze Nation auf meinen riesigen Hintern starrt.

Ich wog über zwei Zentner – mehr als je zuvor. Das Gewicht fraß mich auf. Selbst in diesem Moment, der eigentlich zu den schönsten Augenblicken des Lebens zählen sollte, in dem ich von meinen Kollegen und dem Publikum mit dem Daytime Emmy Award für meine Arbeit als Talkmaster ausgezeichnet werden sollte, konnte ich an nichts anderes denken als daran, wie fett ich war und wie glamourös dagegen all die Stars der Seifenopern aussahen.

Ich sah scheußlich aus. Ich trug einen zu kurzen, goldfarbenen Seidenrock und eine maßgeschneiderte gold- und bronzegemusterte Jacke. André, der sich um meine Frisur und Garderobe kümmert, hatte versucht, mich zu etwas anderem zu überreden. »Etwas, das schlank macht«, sagte er. »Ist eh egal«, erklärte ich ihm. »Wie kann man schlank aussehen, wenn man 107

Kilo wiegt? Wem soll ich damit was vormachen?« Jetzt wünschte ich, ich hätte auf ihn gehört. Ich hätte schwarz tragen sollen. Ich wäre am liebsten im Boden versunken.

»And the winner is Oprah Winfrey.« Ich war von den Socken. Mein Lebensgefährte Stedman und meine Leute jubelten. Ich wollte weinen. Nicht, weil ich gewonnen hatte, sondern weil ich jetzt vor diesem Publikum aus schönen Menschen aufstehen und mich mustern lassen mußte.

Ich fühlte mich wie ein Verlierer, als hätte ich die Kontrolle über mein Leben verloren. Und das Gewicht war ein Symbol dafür, wie sehr es außer Kontrolle geraten war. Ich war die dickste Frau im Saal.

Am nächsten Tag machte ich die Bekanntschaft mit Bob. Und von da an änderte sich mein Leben.

Bis zu diesem Augenblick hatte ich mein Leben lang immer wieder Diät gelebt und mir nichts gegönnt, um gleich danach wieder zuviel zu essen und nur noch mehr Gewicht zuzulegen. Alles hatte angefangen, als ich mit 22 Jahren in Baltimore eintraf. Ich hatte einen neuen Job bei WJZ-TV und Angst, ich wäre der Sache nicht gewachsen. Mit meinem neuen Anchorman klappte es nicht. Er schien nicht viel mit mir anfangen zu können.

Ich wohnte in Maryland, wo alle Straßen nach großen Dichtern oder Gedichten benannt waren. Die Wohnung lag am Windstream Drive, gleich gegenüber der großen Columbia Mall. Dort gab es einige der besten Imbißbuden, die man sich nur vorstellen kann. An einem Stand wurden beispielsweise ausschließlich Kartoffeln verkauft, jede nur erdenkliche Sorte. Und ich *liebe* Kartoffeln! Es gab sie gebraten, in Essig getunkt oder mit Käse und Zwiebeln überbacken.

Es gab eine Pizzabude, einen Hot-Dog-Stand und meinen damaligen Liebling, einen Plätzchenshop mit riesigen Keksen und richtigen Schokoladenstückchen darin. Da konnte man zum Beispiel einen tellergroßen Chocolate-chip-Keks mit oder ohne Macadamianüsse bestellen. Da ich versessen war auf Macadamianüsse, kaufte ich natürlich immer die. An den Wochenenden schlenderte ich durch das Einkaufszentrum, wanderte von einer Bude zur andern. Manchmal holte ich mir an jeder eine Kleinigkeit.

Mir war damals nicht klar, daß ich mit dem vielen Essen versuchte, eine mir unbewußte Leere zu füllen. Hätten Sie mich damals – oder auch noch zehn Jahre später – gefragt, hätte ich geantwortet: »Ich liebe eben Schokokekse.« Die Tatsache, daß ich einsam und ein bißchen deprimiert war und Schwierigkeiten hatte, mich an meine neue Stelle zu gewöhnen, kam mir niemals auch nur in den Sinn.

Das war im Juli 1976. Ich war unabhängig. Ich hatte einen Job, von dem die meisten Frauen nur träumen können. Mein Gehalt war enorm hoch, und der Vertrag lief über drei Jahre. Ich hatte keinen Grund, unglücklich zu sein. Aber nach den 6-Uhr-Nachrichten fuhr ich die 30 Meilen heim, und immer hielt ich zuerst beim Einkaufszentrum. Das machte ich jeden Abend so.

Im Herbst 1976 hatte ich bereits zehn Pfund zugenommen. Ich wog kolossale 67 Kilo! Also suchte ich meinen ersten Diätarzt auf – die Rechnung habe ich heute noch! –, der mich auf eine 1200-Kalorien-Diät setzte und mir Diätpillen verschrieb. Die machten mich völlig verrückt! Nach ungefähr einer Woche setzte ich sie ab und versuchte, meine 1200 Kalorien auf 800 herunterzufahren, um den Prozeß zu beschleunigen. Wie es schien, nahm ich wirklich schneller ab. Nach nur einem Monat war ich wieder auf 63 und erklärte das zu meinem Idealgewicht. Hätte ich doch damals nur gewußt, was ich heute weiß! Auf lange Sicht nimmt man durch Diät und Entsagung nur zu. Es ist ein endloser Kreislauf aus Entsagung, Abnehmen, Überfressen und dann ein wenig mehr zunehmen.

Ende des Jahres wog ich 68 Kilo. Und so befolgte ich eine Diät nach der anderen, immer auf der Suche nach der perfekten Abspeckmethode. Zuerst die Atkinsdiät: Essen Sie soviel Fett, Käse, Butter, Eier und Speck, wie Sie wollen, aber essen Sie auf keinen Fall Kohlehydrate, und passen Sie auf, daß Ihr

Körper nicht vollends zusammenbricht. Niemand sagt Ihnen, daß Sie außer Fett auch Muskeln verbrennen. Deshalb ist es so schwer, einen Gewichtsverlust beizubehalten. Vergessen Sie auch nicht, immer zuckerfreies Pfefferminz bei sich zu haben. Diese Diät bringt entsetzlichen Mundgeruch mit sich.

Damals konnte ich durchschnittlich zehn Pfund in zwei Wochen abnehmen.

Die Scarsdalediät war schon ein bißchen besser, erlaubte sie doch wenigstens ein bißchen Gemüse. Als ich damit anfing, wog ich gerade 72 Kilo. Dann gab es noch die verrückte Bananen-Bockwurst-und-Eier-Diät. Hatten die damals eigentlich noch überhaupt keine Ahnung von Cholesterin? Weihnachten 1977 war ich auf 75. Ich sah mich nicht mehr als »ein wenig übergewichtig«. Es wurde langsam zur Qual. Meine Lösung: Zurück zum Diätdoktor und ein wöchentlicher Aerobic-Kurs. Diesmal versuchte ich es mit 1000 Kalorien am Tag. Natürlich hielt ich das nicht durch. Ich sagte mir, daß es in einer Gruppe vielleicht besser klappen würde. Also wurde ich Mitglied bei den Weight Watchers, gefolgt von Diet Workshop und Diet Center und später auch den Nutri-Systems. Jede einzelne Methode funktionierte – für eine Weile.

Im Herbst 1978 begann ich mit einer Talk-Show unter dem Titel »People Are Talking«. In einer der ersten Sendungen befragte ich eine Frau nach der revolutionären Beverly-Hills-Diät, die auch noch Spaß machen sollte. Hierbei handelte es sich um die Atkinsdiät mit umgekehrten Vorzeichen – nichts anderes als Kohlehydrate. Jeden Tag eine andere Sorte Obst. Mitten im Winter Wassermelonen und Kiwis! Nach zwei Wochen hatte ich zehn Pfund abgenommen. Nach weiteren vier Wochen hatte ich sie wieder drauf – und noch ein paar dazu!

Halten Sie mich jetzt für ein Jo-Jo oder einfach nur für blöd? Oder wie würden Sie jemanden nennen, der immer wieder dasselbe macht und trotzdem jedesmal mit einem anderen Ergebnis rechnet? Ich hielt mich in den acht Jahren in Baltimore schön an dieses Muster und pendelte mich schließlich bei 78 Kilo ein.

Als ich hörte, daß in Chicago ein Moderator für eine Talk-Show gesucht wurde, hätte keiner vermutet – mich eingeschlossen –, daß ich den Job bekommen würde. Erstens hatte ich Übergewicht, und zweitens war ich nicht blond. Um ehrlich zu sein: Ich werde diesen Augenblick wohl nie vergessen. Ich saß in Dennis Swansons Büro – er war der Leiter der ABC-Station in Chicago, WLS-TV – und bewarb mich um die Stelle des Moderators von »AM Chicago«. (Aus »AM Chicago« wurde später »The Oprah Winfrey

Show«.) Er erklärte mir, daß er mich für ein enormes Talent hielt und mich auf der Stelle engagieren wollte. Ich war überglücklich, aber nur für den Fall, daß es ihm noch nicht aufgefallen war, wollte ich doch Klartext reden. »Nun, sehen Sie, ich bin zu dick, und ich bin schwarz«, erklärte ich ihm. »Ja, das sehe ich«, lautete seine Antwort. »Aber hier wird sich niemand darüber beschweren.« Er strich über seinen etwas runden Bauch und kicherte. »Und was die Hautfarbe angeht«, fuhr er fort, »mir ist es egal, welche Farbe Sie haben. Ich finde, Sie sind begabt, und möchte, daß mein Sender von Ihrem Talent profitiert.«

Ich war erleichtert. Sie würden also nicht versuchen, mich zum Abnehmen zu zwingen. Es war nicht einmal Bedingung dafür, daß ich angestellt wurde. Ich konnte essen, was ich wollte.

Als ich im Dezember 1983 nach Chicago zog, wohnte ich einen Monat lang im Knickerbocker-Hotel, während ich nach einer Wohnung suchte. Auch wenn meine Chefs keinen Druck auf mich ausübten, abzunehmen oder sonst etwas an mir zu verändern, sah ich in diesem Neuanfang doch die Chance, endlich etwas Gewicht abzulegen.

Ich war so aufgeregt: der neue Job, die Stadt, meine Mitarbeiter. Drei-, viermal die Woche besuchten wir die Rush Street, die von Restaurants gesäumt war. Wir bestellten Margaritas, Quesadillas und Nachos mit Käse. Aber keine Burger für mich; ich wollte »leicht« essen. Also aßen wir »leichte« Nachos und tranken Light beer und teilten uns danach die Nachspeisen – zu zweit ein Bananasplit. Ich fand mich wirklich gut, wenn ich hin und wieder nicht mit den anderen mitlief, sondern statt dessen im Haus blieb und mir meine »kalorienarmen« Lieblingsspeisen kommen ließ: französische Zwiebelsuppe, Cäsarsalat und ein Nudelgericht. Jede einzelne davon hätte als Hauptmahlzeit ausgereicht. Aber wenn etwas kein Fleisch enthielt, dachte ich schon, es wäre kalorienarm. Ich verschlang Unmengen von Essen.

In dieser Anfangszeit drehten wir eine Live-Show pro Tag, ich war also um 10.00 Uhr früh fertig. Um 10.30 begaben wir uns auf Futtersuche. Was würde es heute sein? Taco Bell, Wendy's, Burger King, McDonald's oder der Feinkostladen. Es war ein Ritual. Wir arbeiteten nur zu fünft an der Show. Wir taten alles – wir buchten die Gäste, reservierten Hotelzimmer, sorgten für die Limousinen, organisierten das Publikum. Unsere einzige Entspannung bestand darin, über Essen zu sprechen – was wir essen und wo wir es holen sollten. Es gab nur einen Haken bei der Sache: Ich war die einzige in unserer Gruppe, die Gewichtsprobleme hatte.

Abgesehen davon, daß wir zum Essen ausgingen, gab es auch im Büro immer irgend etwas zum Knabbern. Meistens sorgte ich dafür. Ich entdeckte Garrett's Popcorn. Käse, Karamel oder ohne alles. Ich holte immer eine große Tüte von jeder Sorte, nahm mir vor, das einfache zu essen und die anderen Sorten für meine Freunde im Büro mitzunehmen. Warum sollten sie schließlich das pure Popcorn essen? Mit Käse- und Karamelgeschmack war es einfach Spitze!

Nach einem Monat stellte ich entsetzt fest, daß ich 81 Kilo wog. Ich fing an, unsicher zu werden. Da stand ich nun also, brachte enorme 162 Pfund auf die Waage und sollte doch eigentlich abnehmen, um mein neues Publikum in Chicago zu beeindrucken. Was mußten die Leute von mir denken!

Eines Tages, als ich wieder einmal eine Sendung mit einer Diätexpertin machte, kam ich mir wie eine Schwindlerin vor. Ich wußte plötzlich, daß alle andern dachten: Warum nimmt die mit ihrem fetten Hintern nicht selbst ab? Ich dachte mir, am besten packe ich den Stier bei den Hörnern – hör auf, Fragen zu stellen, als wärest du ein Model, das keine Ahnung hat, was eine Diät ist. Gib zu, daß du selbst mit deinem Gewicht kämpfst. Also erzählte ich

die Geschichte von der Zeit, als ich in Baltimore eine Diät nach der anderen ausprobiert hatte.

Ich hatte mich wacker geschlagen, hatte alle Snacks aus dem Haus verbannt, alle Diätvorschriften befolgt. Aber dann machte ich denselben Fehler wie ein Junkie und suchte meine alten Wirkungsstätten wieder auf – die Imbißbuden im Einkaufszentrum. Diesmal erlag ich allerdings nicht der Versuchung der Macadamianußkekse oder der Hotdogs. Statt dessen lief ich im wahrsten Sinne des Wortes davon. Ich hatte das Gefühl, von Gerüchen überwältigt zu werden. Als ich schließlich zu Hause war und mich in Sicherheit wähnte, überkam mich der zwanghafte Drang zu essen. Aber es gab nicht

einmal einen Reiscracker! Dafür hatte ich gesorgt. Ich war entschlossen, diesmal Erfolg zu haben. Als ich einen Schrank nach dem anderen öffnete, fand ich nur Salz, Tabasco, Stärke und Ahornsirup. Im Kühlschrank sah es auch nicht besser aus. Da fand ich Backpulver, Sellerie und eine Salatgurke. Und im Gefrierschrank, in einer Ecke festgefroren und so hart wie ein Ziegelstein, eine Packung gefrorener Hotdog-Brötchen. Hastig drehte ich den Backofen an, warf die Brötchen zum Auftauen hinein, und noch ehe sie weich waren, schnappte ich den Sirup und strich ihn auf die halb verbrannten, halb gefrorenen Brötchen.

Wenn ich heute zurückschaue, sehe ich keinen Unterschied zwischen mir und einem Junkie, der nach einer Nadel und irgendeinem Stoff sucht, den er zu fassen bekommt. Meine Droge war das Essen.

In diesem ersten Jahr meiner Arbeit in Chicago hatte ich 25 Pfund zugenommen. Die Show fing am ersten Januar 1984 an. Bereits im Dezember war die erste Geschichte über mich und den Erfolg der Show geschrieben worden. Die Story wurde unter dem Titel »Chicago's Grand New Oprah« in *Newsweek* abgedruckt. Ich hätte stolz sein sollen, landesweite Aufmerksamkeit zu erhalten. Aber ich konnte mich nur an eine einzige Phrase aus der ganzen Geschichte erinnern. Der Verfasser hatte mich als »fast 180 Pfund in Mississippi gezüchtete, schwarze Weiblichkeit« bezeichnet. O mein Gott, dachte ich, sehe ich wirklich so aus, als würde ich fast 180 Pfund wiegen? Zu jener Zeit wog ich 183 Pfund, redete mir aber ein, nicht dicker als 163 zu wirken.

Tief in meinem Innern kannte ich die Wahrheit. Versuchen Sie bloß mal einzukaufen, wenn Ihnen Größe 44 nicht ausreicht. Kleider zu kaufen war unmöglich. Und wenn Ihr Job darin besteht, jeden Tag in einem anderen Outfit vor der Kamera zu stehen, dann macht dies die Last noch größer, das schlechte Gewissen, den Frust, nichts anzuziehen zu haben. Also stellte ich mehrere Leute ein, die für mich nähen sollten. Aber ich schämte mich meiner Größe so sehr, daß ich mich immer weigerte, Maß nehmen zu lassen. Ich wollte mich der Realität nicht stellen. Ich kann mich noch erinnern, daß einmal ein Schneider zu einer Anprobe in mein Hotelzimmer in Los Angeles kam. Ich ließ ihn warten. Schließlich erklärte ich ihm, er würde mich ansehen und meine Größe dann eben schätzen müssen.

In den folgenden vier Jahren sollte ich auf 98 Kilo anwachsen, wo ich dann eine Weile stehenblieb. Eine meiner lebhaftesten Erinnerungen ist die an einen Boxkampf zwischen Mike Tyson und Tyrell Biggs. Ich weiß noch, wie der Ansager ankündigte: »In dieser Ecke, in schwarzer Hose und mit einem Gewicht von 98 Kilo, Mike Tyson.« Er wog genausoviel wie ich. Ich dachte, ich wiege soviel wie der Weltmeister im Schwergewicht. Wieder einmal war ich entschlossen, etwas gegen mein Gewicht zu unternehmen.

Also stellte ich einen Trainer ein. Ich ging jeden Tag hin, nicht, weil ich besondere Lust darauf hatte, sondern weil ich ihn nicht enttäuschen wollte. Während ich sechs Monate lang regelmäßig mit einem Trainer Sport trieb, nahm ich 6 Kilo zu. Eines Tages sagte er: »Ich glaube, ich gehe am besten wieder zur Schule.« Ich fragte ihn: »Ich bin also gefeuert?« – »Nicht direkt. Aber es ist wohl besser, wenn ich noch einmal die Schulbank drücke. Es gibt da noch ein paar Dinge, die ich lernen muß.« Das war meine erste Erfahrung mit einem Trainer.

In diesen vier Jahren hatte ich das Ziel, unter 180 Pfund Gewicht zu kommen. Aber was ich auch tat, es gelang mir nicht. Ich kam bis auf 188, aber dann stagnierte es. Ich fing mit einem Workout-Programm an, blieb nicht regelmäßig dabei und nahm noch mehr zu.

Und ich versuchte jede erdenkliche Diät, einschließlich »Diäten funktionieren nicht«. Das ist wie eine Diättherapie, die man am Wochenende macht. Da wird einem erklärt, daß man nur essen soll, wenn man hungrig ist, und nur das, worauf man Appetit hat, und aufhören soll, wenn man satt ist. Danach versucht man, dem Problem auf die Spur zu kommen, das man mit dem Essen hat. Ich saß also zwei Tage lang mit 30 anderen in einem Saal, und wir versuchten alle, uns selbst zu finden. Ich entdeckte, daß ich es etwas anders machen mußte.

1988 hatte ich die Nase voll. Ich war deprimiert und mich selbst leid. Ich wäre zu allem bereit gewesen, außer zu Medikamenten und dem Zuklammern des Magens. Vielleicht hätte ich sogar das versucht, aber dann sah ich eine Frau, die es hatte machen lassen, und es sah schrecklich aus. Ich sagte mir: Ich will nicht so eine schlaffe Haut kriegen. Nein, danke.

Schließlich hörte ich von Optifast, einer Mischung aus Fasten und Diät. Das war's! Das würde meine Rettung sein, mein Ausweg. Für mich war dieses Programm die Straße zur Freiheit.

Aus meiner Zeit in Baltimore hatte ich noch eine Calvin-Klein-Jeans. Sie war Größe 38 und stand für eine Zeit, in der ich mich in meinem Körper wohler gefühlt hatte. Ich dachte, wenn ich es schaffen würde, wieder in diese Jeans zu passen, wäre mein ganzes Leben wieder okay. Das also war mein Ziel: Ich wollte wieder in diese Jeans passen. Ich sah nichts anderes als diese Jeans.

Ich schlug mich tapfer. Vier geschlagene Monate lang aß ich kein einziges bißchen. Ich strich meine Pläne von einem Frankreichurlaub und schenkte die Tickets einer Freundin zur Hochzeit. Mir war klar, daß es keinen Sinn hatte, nach Frankreich zu fahren, wenn ich nichts essen durfte. Ich sagte alles ab, was irgendwie mit Essen zu tun hatte. Und wenn ich zufällig irgendwohin kam, wo es etwas zu essen gab, spürte ich keinerlei Versuchung. Nach dem dritten Tag mit diesem Programm hatte ich jedes Interesse am Essen verloren. Aber am Anfang war ich schon ein paarmal versucht zuzuschlagen. Damals dachte ich zum ersten Mal, daß es vielleicht etwas anderes als Hunger ist, das mich zum Essen treibt. Unter Optifast wollte ich nur dann etwas essen, wenn ich mich frustriert oder vernachlässigt fühlte.

Ich erinnere mich, wie ich eines Tages heimkam und Stedman mit irgend etwas beschäftigt war. Ich versuchte, seine Aufmerksamkeit zu erregen, aber

er war offensichtlich nur an dem interessiert, was er da machte. Ich weiß noch, daß ich in diesem Augenblick dachte: Ich muß etwas essen, ich muß etwas essen. Später wurde mir klar, daß ich in Wirklichkeit nur seine Aufmerksamkeit wollte. Ein anderes Mal kam ich zu spät zum Flughafen, verpaßte das Flugzeug und hatte das ganz, ganz starke Verlangen nach Kartoffelchips. Bevor ich das Flugzeug versäumte, war ich nicht hungrig gewesen. Diese kurzen Augenblicke zeigten, daß mein Gewichtsproblem nicht von echtem Hunger ausgelöst worden war, sondern vom Hunger nach etwas anderem. Aber ich hatte den Kontakt zu mir selbst zu sehr verloren, als daß ich Hunger überhaupt noch hätte wahrnehmen können.

Statt dessen interessierte ich mich dafür, wie die Pfunde purzelten. Als ich im Juli 1988 mit Optifast anfing, wog ich 191 Pfund. In der ersten Woche nahm ich 10 Pfund ab und war begeistert. In nur einer Woche hatte ich bereits die 181er-Marke erreicht. Im ersten Monat nahm ich 27 Pfund ab. Zu dieser Zeit war Stedman auf einer Geschäftsreise in Südafrika. Er konnte es nicht fassen, als er zurückkam. Ich wog 163 Pfund. Ich glaubte, mein Körper würde alles, was er brauchte, aus diesen Päckchen bekommen, die ich nahm.

Ich hatte ja keine Ahnung, daß ich möglicherweise nur abnahm, weil sich die Muskeln zurückbildeten. Oder daß mein Stoffwechsel sich verlangsamt haben könnte.

Im Herbst paßte ich in die Jeans. Und war stolz darauf. Ich war bereit, aller Welt zu erzählen, wie ich es geschafft hatte. Ich wollte mein Geheimnis mit all denen teilen, die genauso zu kämpfen hatten. Also trat ich an diesem Tag vor die Kamera und erzählte alles über Optifast. Gott weiß, wieviel Geld wir denen eingebracht haben.

Als die Leute mich kritisierten und meinten: »Keine Sorge, die hat das Gewicht schnell wieder drauf«, konnte ich mir nicht vorstellen, wovon sie sprachen. Ich hielt es für unmöglich. Jeder, der soviel Disziplin wie ich an den Tag gelegt und vier Monate lang nichts gegessen hatte, hatte dieses Problem doch wohl für alle Zeiten hinter sich gelassen. Was ich nicht wußte, war, daß mein Stoffwechsel angegriffen war. Meine Muskeln hatten sich zurückgebildet. Ich trieb keinen Sport. Und ich trieb auch keinen Sport, nachdem ich die Pfunde verloren hatte. Es gab nichts, was mein Körper hätte tun können, außer wieder Gewicht anzusetzen.

Ich wog 128 Pfund, als ich die Jeans anzog. Es war an der Zeit, mit der Diätnahrung aufzuhören und wieder richtig zu essen. Ich wog einen Tag lang 128 Pfund. Am nächsten Tag waren es 131. Zwei Wochen später wog ich 140. Ich weiß noch, daß ich zu einer Party zu Don Johnson in Aspen eingeladen war und nicht hinging, weil ich dachte, mit 70 Kilo wäre ich viel zu dick für eine Party mit Hollywood-Typen. O nein, es fing wieder an. Ich fühlte mich so hilflos. Es gab nichts, was ich hätte tun können, außer meinem Tagebuch mein Herz auszuschütten.

29. November 1988: Genau zwei Wochen nach der Diätsendung habe ich fast fünf Pfund zugenommen. Heute wiege ich 136. Ich habe unkontrolliert gegessen. Ich muß dem ein Ende bereiten. Ich kann mich nicht daran gewöhnen, dünn zu sein.

7. Dezember 1988: Heute habe ich einen Artikel gelesen, in dem man mich wegen der Revlon-Geschichte kritisiert und sich über meinen Gewichtsverlust lustig gemacht hat. Da stand: »Mal sehen, wie sie in zwei Jahren aussieht.« Das hat mir wirklich weh getan. Aber denen werd ich's zeigen!

12. Dezember 1988: Ich habe den Revlon-Dreh gern gemacht. Ich

habe mich danach anders gefühlt. Ich habe mich nie für schön gehalten. Aber nach dieser Anzeige fühlte ich mich schön. Schon allein aus diesem Grund hat es sich gelohnt, diese Sache zu drehen.

13. Dezember 1988: Ich kam heim und aß soviel Cornflakes, wie ich nur schaffen konnte. Den ganzen Tag über habe ich nur Junk gegessen. Das ist überhaupt nicht gut. Ich habe mir nie Gedanken darüber gemacht, wie ich das Gewicht halten soll. Ich experimentiere immer herum, probiere aus, wieviel ich essen kann. Es ist alles so lächerlich. Wie soll ich bloß die Feiertage überstehen, ohne zuzunehmen?

26. Dezember 1988: In Aspen gibt es eine Party. Ich will nicht hin. Ich habe wieder fünf Pfund zugenommen. Jetzt wiege ich 140 Pfund.

2. Januar 1989: Heute hätte ich wieder mit einer Diät anfangen sollen. Statt dessen habe ich mir Schweinskoteletts gemacht. Was soll's. Morgen ist auch noch ein Tag, Miß Scarlet. Die Feiertage sind offiziell vorüber. Was heißt das für mich? Wieder fasten? Ich weiß nicht, ob ich das schaffe.

7. Januar 1989: Ich habe die Kontrolle verloren. Da fange ich den Tag an und versuche zu fasten. Mittags war ich frustriert und bekam schon Hunger, wenn ich nur an die ganze Sache dachte. Ich habe drei Schüsseln Müsli gegessen. Dann bin ich aus dem Haus gegangen und habe Popcorn mit Karamel und Käse gekauft, kam um 3 Uhr nachmittags zurück und starrte die Lebensmittel in den Schränken an. Und jetzt will ich Pommes frites mit viel, viel Salz. Ich kann mich nicht beherrschen.

19. Januar 1989: 143 Pfund, es grenzt an Wahnsinn. Ich fühle das Unglück nahen. Ich wiege 143 und esse alles, was mir unter die Augen kommt. Ich brauche Hilfe. Alte Verhaltensmuster sind wieder durchgekommen und fangen an, mich zu beherrschen. Wenn ich an diesem ganzen Wochenende nicht faste, suche ich am Montag professionelle Hilfe. Genau, das ist es: komplette Nulldiät.

21. Januar 1989: Ich habe mich selbst belogen mit der professionellen Hilfe. Ich bin noch nicht soweit, mir jemanden zu suchen.

9. März 1989: Ich möchte Gewicht als Thema für mich persönlich vollkommen streichen, und dazu wünsche ich mir, daß ich nichts mehr esse, trinke oder sonstwie konsumiere, was mich daran hindert, mein Ziel zu erreichen. Ich wünsche mir die Entschlossenheit und Willenskraft, das zu tun, es einfach zu tun, egal wie. Es ist möglich, und ich werde es tun.

14. November 1989: Jahrestag der Diätsendung, 152 Pfund. Ich bin zutiefst entsetzt über mich selbst. Nicht einmal für die Jubiläumssendung konnte ich schlank werden. Was ist aus meinem Entschluß geworden? Jeden Tag wache ich mit guten Vorsätzen auf, und dann versage ich wieder.

23. November 1989: Thanksgiving day, 158 Pfund, wirklich wieder richtig dick. Ich habe meine Entschlossenheit verloren, will nicht mehr weiterkämpfen.

1. Dezember 1989: Ich kämpfe noch immer einen – für mich – lebenslangen Kampf. Ich dachte, nach der Jubiläumsdiätsendung vom 14./15. November könnte ich abnehmen. Ich dachte, ich müßte nicht länger fürchten, jemand könnte das Thema anschneiden und sagen: »Hey, Oprah, hast du nicht zugenommen?«, und statt dessen mein Leben weiterleben – weit gefehlt! Ich kämpfe immer noch. Gerade habe ich für Stedman Reis gekocht und ein Hühnchen geschmort. Ich sollte eigentlich nur einen Salat essen. Statt dessen aß ich den Salat und das Hühnchen. Ich werde das abschütteln, ich weiß bloß noch nicht, wie.

13. Dezember 1989: Das neue Studio sieht einfach toll aus. Am 1. Januar ziehen wir ein. Auch das Farmhaus wird langsam. Alles läuft so gut, also, warum habe ich immer noch das Gefühl, ich müßte einfach essen?

16. Februar 1990: Ich brauche wirklich dringend Hilfe mit meinem Gewicht, ich stehe kurz davor, mich geschlagen zu geben. Ich habe eine Frau kommen lassen, die mein Haar analysieren sollte, um mir zu sagen, welche Vitamine ich brauche. Es ist unglaublich. Ich suche immer noch nach einer Wunderkur. Was ist nur aus meinem Neujahrsvorsatz geworden, und dann aus dem Vorsatz, den ich an meinem 36. Geburtstag gefaßt habe? Ich weiß nicht. Ich weiß nur, daß ich Probleme habe. Ich wiege 163 Pfund. Wenn ich jetzt morgens aufwache, hasse ich mich und mein Gewichtsproblem. Als ich noch fünfzehn Pfund weniger gewogen habe, hätte ich das für unmöglich gehalten. Ich bewege mich nicht langsam, sondern im Eiltempo auf die 180-Pfund-Grenze zu. Ich schwöre, wenn die Hope Awards verliehen werden, bin ich wieder auf 135 Pfund.

28. April 1990: Ich bin erschöpft. Ich habe heute 20 Stunden gearbeitet. Muß morgen dasselbe tun. Ich mache mir Sorgen wegen *Brewster Place*. Hab' den ganzen Tag über Snacks gegessen. Ich hasse es, mich im Film zu sehen.

12. Juni 1990: Ich schleppe Fett mit mir herum. Es überwältigt mich, 173 Pfund haben mich besiegt.

18. Juni 1990: In den letzten vier Tagen habe ich mich beim Aufwachen gehaßt, weil ich nicht gefastet oder mich wenigstens an eine Art Plan gehalten hatte, um zehn Pfund in einer Woche abzunehmen, damit ich nächste Woche zur Emmy-Verleihung dieses Kostüm tragen kann.

19. Juli 1990: Habe für die Emmys nie abgenommen. Statt dessen wiege ich fast fünf Pfund mehr. Jetzt sind es 177, versuche immer noch, mich einzuschätzen und zu entscheiden, welche der Winterkleider ich nicht mehr tragen kann. Nichts paßt. Mir graut davor, in den Laden mit der Mode für Dicke zu gehen. Ich habe zu Sally Lus Hochzeit nichts anzuziehen.

11. August 1990: Versuche, in Stimmung zu kommen. Das Fett hält mich davon ab, Gefühle zu haben. Bin blockiert. Kann nicht denken.

15. August 1990: Ich habe in meinem Büro gesessen und geweint, nachdem jemand meine Kleider und meinen Stil kritisiert hat: falsche Farben, falsches Outfit. Habe geweint, weil ich weiß, daß sich viele Leute das Maul darüber zerrissen haben. Niemand sagt was. Aber ich habe das Gefühl, die meiden das Thema. Ich habe aus Selbstmitleid geheult. Die Waage zeigte heute morgen 184 Pfund an. Ich werde davon beherrscht – einfach beherrscht. Jeden Tag wache ich mit einem neuen Plan auf. Am Ende des Tages, wenn ich ihn wieder nicht durchgehalten habe, fühle ich mich klein, wertlos, häßlich, habe Schuldgefühle, was immer du willst. Habe versucht, die Kontrolle zu bekommen. Habe in der M.C.-Hammer-Show getanzt, mit dem dicksten Hintern, den ich je gesehen habe. Ich habe mir die Aufzeichnung angeguckt und kann es nicht fassen. Ich bin wirklich wieder fett. In meinen neuen Kleidern sah ich sogar noch fetter aus und fühlte mich so mies, wie man sich nur fühlen kann. Ich war blockiert.

25. August 1990: Habe an einem »Diäten funktionieren nicht«-Seminar teilgenommen. Stand im Badeanzug in einem Raum und gab zu, daß ich 181 Pfund wiege. Das war hart. Über 90 Kilo.

9. September 1990: Statt für die Hope Awards 45 Pfund abzunehmen, habe ich zugenommen. Mußte das Kleid von Fabrice neu machen lassen. Ich wollte nicht gehen; hatte Angst, daß die Leute sagen würden, wie fett ich bin. Führte zusammen mit Marge Simpson die Liste der am schlechtesten gekleideten Frauen an, wurde als klein und kugelrund bezeichnet, als unförmig, und das in einem Kleid, von dem ich dachte, ich sähe ganz anständig darin aus.

29. *Januar 1991:* Bin 37 geworden. Habe eine neue Vision von mir, schlank, fit. Körperlich, seelisch und geistig fit. Essen allein ist nicht die Antwort. Aber was sonst?

20. *Februar 1991:* Ich bin in Urlaub gefahren und habe fast acht Pfund zugenommen. Mit meinen 204 Pfund übertreffe ich alles bisher Dagewesene. So dick, so unproportioniert, sogar im Gesicht fett. Unfähig, mich frei zu bewegen. Ich kenne mich selbst nicht mehr. Mein Körper hat mich im Stich gelassen, oder hat er einfach klein beigegeben? Ich weiß nicht, wer das ist, der da durch den Flughafen watschelt. Ich habe in einem Schaufenster einen Blick auf mein Spiegelbild erhascht. Ich kenne die Dicke nicht, die mich da anstarrte. Stedman sagt, ich würde mir selbst im Weg stehen. Mein Gewicht würde mich abschotten. Er hat recht. Manchmal kann ich einen Zusammenhang zwischen meinen Ängsten und dem Gewicht spüren. Wovor aber habe ich Angst? Das ist die Frage. Die Antwort kann die Befreiung bedeuten.

Mein Gewicht beherrschte mein ganzes Leben. Kein Tag verging, an dem ich nicht darüber nachdachte. Aber ich habe nicht wirklich etwas dagegen unternommen. Morgen, morgen, morgen höre ich auf. Ich habe mich selbst so oft damit belogen, was ich morgen tun würde. Ich wurde es leid, von meinen eigenen gebrochenen Rekorden zu hören.

Ich dachte, ich sollte es mit einem neuen Trainer versuchen. Das klappte nicht. Ich machte ein paar Kuren, verlor hier und da ein paar Pfunde – nichts Auffallendes. Es war schwer, vor die Kameras zu treten und zu sagen: »Ich habe versagt. All diejenigen, die behauptet haben, ich würde wieder zunehmen, haben recht behalten.« Im Januar 1991 gab ich dann einfach auf. Auf dem Titelblatt der Zeitschrift *People* verkündete ich: »Ich werde nie wieder eine Diät machen.« Damit meinte ich nicht, daß ich den Versuch aufgeben würde, abzunehmen. Ich meinte bloß, daß ich etwas finden mußte, was funktionierte. In der Zwischenzeit wollte ich herausfinden, wie ich so glücklich werden konnte, wie ich war. Ich dachte über die Leute nach, die behaupten, dick und glücklich zu sein. Vielleicht sollte ich das versuchen: einfach mit mir selbst glücklich sein.

Dann entschied ich, daß ich vielleicht einfach versuchen mußte, gesünder zu leben. Im August 1991 suchte ich die Beautyfarm Cal-a-vie in Kalifornien auf. Dort lernte ich Rosie kennen und überredete sie, als meine persönliche Köchin nach Chicago zu kommen. Ich wog ungefähr 99 Kilo. Alles, was ich bei Rosie zu essen bekam, war fettarm. Daneben fing ich an, Sport zu treiben. Nur ein bißchen und auch nicht regelmäßig. Aber wenigstens bewegte ich mich. Trotzdem nahm ich weiter zu.

Aber ich war nicht unter Streß, weil ich einfach alles aß. Die Arbeit wurde anstrengender, es gab mehr Konkurrenz. Immer mehr Talk-Shows drängten auf den Markt. Aber wir haben – toi, toi, toi! – nie verloren. Seit wir angefangen haben, sind wir die Nummer eins, hauptsächlich, weil wir selbst unser stärkster Konkurrent sind. Unser Ziel ist es, in jeder Sendestaffel noch

bessere Quoten zu bekommen als in der vorherigen. Je gesättigter der Markt ist, desto schwieriger wird das. Aber ich habe nie den Druck empfunden. Ich hatte meine Droge, das Essen. Ich aß mich durch Scheidungswaisen, gewalttätige Ehemänner, alkoholabhängige Mütter und andere Themen. Nach außen hin wurde ich immer beliebter und erfolgreicher. Innerlich war nur die Last meines Gewichts spürbar. Sie verließ mich nie.

Ich versuchte mich davon nicht unterkriegen zu lassen. Vielleicht mußte ich einfach akzeptieren, daß ich mit diesem Teil meiner selbst niemals glücklich sein würde. Ich konnte beruflichen Erfolg haben, aber was Disziplin oder das Akzeptieren meiner Person anging, so war einfach Sendepause. Aber ich konnte es nicht ertragen, mich als einen Menschen zu sehen, der aufgibt oder verliert. Deshalb beschloß ich, es erneut zu versuchen, als ich bei der Verleihung der Daytime Emmys mit über zwei Zentnern dastand. Ich buchte drei Wochen in einer neuen Beautyfarm in Colorado.

Okay, da wäre ich also wieder, dachte ich, an einem anderen Ort mit einer neuen Diät. Diesmal werde ich es schaffen. Wie oft habe ich mir das schon gesagt? Aber diesmal würde es vielleicht klappen. Ich sollte einen anderen Trainer treffen, der dieselben Turnprogramme mit mir durchgehen würde, die ich schon Dutzende von Malen hinter mich gebracht hatte.

Als man mich mit Bob Greene bekannt machte, war ich überzeugt, er denkt: Was für ein Fettkloß. Und mit der soll ich arbeiten? Ich an seiner Stelle hätte das jedenfalls gedacht. Ich konnte ihm nicht in die Augen sehen.

Nach unserer ersten Wanderung durch den Bear Creek dachte ich nicht mehr so. Der Wanderweg windet sich über zweieinhalb Meilen durch das Hinterland von Telluride, Colorado, und endet an einem wunderschönen Wasserfall in 3000 Meter Höhe. Etwas Strapaziöseres hatte ich mir nie zugemutet. Bob meinte: »Nur noch ein kleines bißchen weiter.« – »Weiter« schien für ihn überhaupt kein Ende zu haben. Doch er machte mir Mut und gab mir das Gefühl, etwas geleistet zu haben.

Wir wanderten jeden Tag, stemmten Gewichte und liefen entweder auf dem Laufband oder auf dem Stepper. Ich weiß noch, wie ich auf dem Gerät stand und eine zierliche, junge Dame in einem winzigen, rosa gepunkteten Outfit neben mich trat. Sie schob ihre Gewichte ganz nach oben – 17 Punkte. Und ich keuchte und klammerte mich an der Maschine fest, als ginge es um mein Leben – bei *zwei* Punkten! Aber ich sagte mir: Eines Tages wird die Maschine unter mir explodieren, dann arbeite ich auch auf der höchsten Stufe, Missy. Und einen Moment lang malte ich es mir aus.

Während unserer Wanderungen sprachen Bob und ich oft darüber, warum mein Gewicht einen so großen Raum in meinem Leben einnahm. Zum ersten Mal erklärte mir jemand, warum ich gleich nach der Fastenkur wieder so zugenommen hatte. Meine Schuldgefühle wurden geringer, als ich eine körperliche Erklärung dafür bekam. Niedriger Grundumsatz, kein Sport = Gewichtszunahme. Unmengen von Nahrung, selbst fettarmer Nahrung = Gewichtszunahme.

In den drei Wochen, die wir zusammen arbeiteten, fing ich an abzunehmen. Aber Bob wollte nicht, daß ich auf die Waage stieg. Mein Ziel sollte ein gesünderer Lebensstil sein, ich sollte mein Leben nicht an meinem Gewicht messen. Ich fühlte mich leichter und besser.

Als ich die Beautyfarm in Telluride verließ, um eine andere in Kalifornien aufzusuchen, wog ich mich schließlich doch. Ich hatte fast zwölf Pfund abgenommen. In Kalifornien nahm ich weitere acht Pfund ab. Aber ich mußte die Kur dort abbrechen, weil ich mir während einer Wanderung den Knöchel verstaucht hatte. Ich dachte, das würde mich vorübergehend zurückwerfen. Als ich nach Chicago zurückkehrte, wog ich 98 Kilo und fing mit der neunten Herbstsaison an. Es fiel mir schwer, mit meinem verletzten Knöchel regelmäßig Sport zu treiben. Und so faßte ich den Entschluß – als hätte ich das nie zuvor getan –, am 1. Januar 1993 mit voller Kraft wieder anzufangen.

Von Januar an joggte ich jeden Tag drei Meilen. Schrecklich! Ich aß immer noch fettarm, nahm aber nicht mehr ab. Frustriert rief ich Bob an.

Er kam nach Chicago, und am 15. März 1993 hatten wir unsere erste Stunde zusammen. Ich wog 200 Pfund. Bob erklärte mir: »Ich bin nur bereit, mit dir zu arbeiten, wenn du bereit bist, jeden Tag hier zu erscheinen, und keine Ausflüchte. Du mußt mindestens 40 Minuten dafür erübrigen. Und auf einer Skala von eins bis zehn mußt du auf Stufe sieben arbeiten.«

Bobs Art gefiel mir. Er hatte nichts Bevormundendes oder Abschätziges an sich. Er war ganz nüchtern und sehr zuversichtlich. Es hieß: »Wenn du abnehmen willst, dann mußt du es so machen.« Keine Geheimnisse. »Es hängt alles mit den Naturgesetzen zusammen«, sagte er. Und ich glaubte ihm. Also sah ich ihm in die Augen und sagte: »Okay, kein Problem.«

Es fing damit an, daß ich sehr schnell walken sollte. Dann ging es an meine Eßgewohnheiten: mehr Obst und Gemüse, kleinere Portionen. Der Fettanteil in den Nahrungsmitteln, die ich zu mir nahm, mußte nur geringfügig verändert werden, da ich mich bereits seit zwei Jahren fettarm ernährte. Aber Wasser trank ich nicht genug. Ich habe Wasser noch nie gemocht. Trotzdem fing ich jetzt an, Unmengen davon zu trinken, mindestens sechs, manchmal acht oder sogar zehn Glas am Tag.

In der ersten Woche nahm ich fast zwei Pfund ab. Bob hatte mir gesagt, es wäre sehr gut, zwei Pfund abzunehmen. Ich konnte nicht fassen, daß ich so hart gearbeitet und nur knappe zwei Pfund abgenommen hatte. Aber zwei waren besser als nichts. Anfangs war ich müde. Ich hatte zwei Sendungen am Tag und daneben meine Übungen. Aber ich fühlte mich gut, weil ich es eine Woche lang durchgehalten hatte, ohne Unterbrechung, ohne Ausflüchte.

In der zweiten Woche verlor ich wieder zwei Pfund. Ich wurde optimistisch. In der dritten Woche nahm ich ein Pfund mehr ab und fühlte mich wirklich gut. Anfang der vierten Woche kletterte ich auf die Waage. Mein Herz raste. Die Waage zeigte 202. Ich hatte den Plan befolgt. Ich machte alles richtig. Was lief hier falsch? Bob meinte: »Du speicherst bloß Wasser, kein Grund zur Sorge.« Kein Grund zur Sorge? Ich war bereit, alles hinzuschmeißen. Ich hatte sogar daran gedacht, ein Päckchen übriggebliebenes Optifast-Pulver zu essen, bis Bob es mir ausredete. Es war ein Tiefschlag, das Gewicht zu halten, auch wenn es nur Wasser war. In der folgenden Woche nahm ich die sechs Pfund ab, die in der Vorwoche so mysteriös aufgetaucht waren, und noch zwei mehr. Greene hatte recht. Mein Körper speicherte Wasser. Es lief wie nach einem Muster ab; ich konnte mich darauf verlassen. Abnehmen, abnehmen, noch ein bißchen abnehmen, zunehmen, und dann purzelte das Gewicht.

Bald gingen wir vom Gehen zum Joggen über, und nach einer Weile joggte ich nicht mehr drei, sondern fünf Meilen. Eines Tages meinte Bob beim Joggen: »Ich finde, du solltest an einem Wettlauf teilnehmen – vielleicht an einem 10-km-Lauf.« – »Ich glaube, das mache ich«, sagte ich leichthin. Aber später dachte ich: O nein, jetzt darf ich ihn aber nicht enttäuschen.

Am nächsten Tag kam Bob mit einer Liste von Wettläufen in verschiedenen Teilen des Landes. Irgendwo gab es auch ein Rennen über 10 Kilometer, aber es blieb nicht genug Zeit, dafür zu trainieren. Woanders war ein Rennen über acht Meilen (fast 13 Kilometer), aber an dem Tag hatte ich andere Verpflichtungen. Das einzige Rennen, für das ich noch trainieren konnte, war ein Halbmarathon in San Diego. Also steigerte ich mich von meinem »Ich werde über 10 Kilometer mitlaufen« über acht Meilen auf einen Halbmarathon, und das innerhalb von einer Stunde. Worauf habe ich mich da nur eingelassen? Vor fünf Monaten wackelte ich noch mit 202 Pfund über die Bahn, dachte ich. Bob sagte: »Wenn du das wirklich tun willst, dann mußt du dich jetzt anstrengen.« Am nächsten Tag fing ich an, sechs Meilen zu laufen. Innerhalb der nächsten Wochen waren es acht.

Am Tag des Halbmarathons war ich bereit. Es machte solchen Spaß – bis zur letzten Meile. Die Leute sagten immer wieder, das Ziel wäre gleich um die

Ecke. Ich hatte auf den ersten acht Meilen eine Menge Energie vergeudet. Da ist die Erregung, wenn man mit all den Läufern zusammen ist; und weil mich jeder unter den Zuschauern kannte, verbrachte ich die ersten acht Meilen damit, zu lächeln und zu winken. Nach der neunten Meile sagte ich mir: Ich muß den Mund halten. Ich werde mit niemandem mehr sprechen. Und so lief ich den Rest des Rennens schweigend.

Erst auf der letzten Meile wurde ich müde. Es ging schnurstracks bergauf. Ich dachte, es würde niemals enden. Ich wußte, ich würde nicht aufgeben. Aber ich spürte, daß mich mein Körper im Stich lassen könnte. Am Ziel erhielt ich einen frischen Apfel, einen Keks und ein T-Shirt. Ich dachte, das ist alles, was man für einen Halbmarathon bekommt? Bekommt man für einen ganzen dann zwei Äpfel? Es war die Sache dennoch wert.

Ich war genauso überrascht wie alle anderen, daß ich es geschafft hatte. Dieses neue Gefühl, etwas durch reine Disziplin und Selbstbeherrschung geschafft zu haben. Ich hatte mich, wann immer ich konnte, vor dem Sportunterricht gedrückt. Ich fürchtete mich vor der Teilnahme. Ich hatte nie die Erfahrung gemacht, was es heißt, die Kontrolle über seinen Körper zu haben, ihn zu trainieren und darauf reagieren zu sehen. Es war ein tolles Gefühl. Ich fühlte mich wie ein Athlet. Ich wurde allen Sportlern gegenüber aufmerksamer. Ich sah mir beispielsweise Fotos von Jackie Joyner-Kersee an und dachte: Wow, Mädchen, ich weiß, was du durchgemacht hast.

Ich war so froh und stolz nach dem Halbmarathon, daß Bob und ich beschlossen, neue Ziele in Angriff zu nehmen. Ich erinnere mich, daß ich bei einer unserer Wanderungen in Telluride zu Bob sagte: »Ich komme mir vor, als würde ich durch den Grand Canyon wandern.« Und Bob sagte zu mir: »Das ist ganz anders als der Grand Canyon. Aber eines Tages kannst du das ja machen.« Also sagte ich eines Tages zu ihm: »Warum wandern wir nicht durch den Grand Canyon?« Bob sagte: »Bist du dir sicher, daß du das wirklich willst?« Ich antwortete, ich wäre schließlich einen Halbmarathon gelaufen und könnte bestimmt auch den Grand Canyon schaffen.

Ich unternahm die Wanderung mit meiner besten Freundin Gayle, Stedman, Bob und meiner Assistentin Beverly. Wir waren alle schrecklich aufgeregt. Jeder von uns schleppte ungefähr 40 Pfund Campingausrüstung auf dem Rücken mit. Wir fingen bergab an, und ich sagte: »Ach, das wird leicht.« Das war in den ersten zehn Minuten. Vier Stunden später flehte ich um ein Wunder. Gayle hatte mir auch ihren Rucksack gegeben. Ich dachte an den Song »He ain't heavy, he's my brother«. Irgend jemand verschwieg da was. Denn als ich Gayles Rucksack auch noch trug, Mann, war der schwer, Brother!

Wir wanderten den ganzen Weg bergab. Dafür brauchten wir fünfeinhalb Stunden. Die Nacht verbrachten wir in der Ebene des Canyons, und am nächsten Tag wanderten wir hinaus. Nach oben zu klettern war doppelt so schwer. Ich war stolz, es geschafft zu haben. Aber das nächste Mal kaufe ich eine Postkarte. Denn eines kann ich Ihnen sagen: Der Canyon sieht genauso aus wie auf der Postkarte. Kein Unterschied. Diese Postkarten sind wirklich gut.

Im November 1993 hatte ich mein Ziel erreicht: 68 Kilo. Ich kam sogar auf 67 runter, während ich rannte, eine Meile (1,6 km) in acht Minuten. Ich kann Ihnen gar nicht sagen, wie stolz ich war, als ich dieses Gewicht erreicht hatte. Ich hatte mein Ziel erreicht und war stark und geschmeidig und fit und gesund. Und ich schaffte es auf die richtige Art und Weise. Ich habe mich wirklich nie besser gefühlt. Früher hätte ich das wahrscheinlich feiern wollen, indem ich ausging und irgendwo gut aß. Aber weil sich mein Leben durch die Disziplin, die nötig war, um jeden Tag aufzustehen und Sport zu treiben, so sehr geändert hatte, wollte ich mein vierzigstes Lebensjahr nicht nur mit Champagnertoasts feiern, sondern mit einem Symbol für meine Gesundheit und Kraft. Ich beschloß, an einem richtigen Marathonlauf teilzunehmen.

Zu der Zeit, als ich diesen Entschluß faßte, lief ich etwa fünf Meilen pro Tag. Ich wußte, daß ich das steigern mußte. Bob sagte: »Da wird dir viel abverlangt. Bist du dir sicher, daß du bei deinem Arbeitsprogramm soviel Zeit aufbringen kannst? Kannst du trainieren und zwei Sendungen am Tag machen?« Ich sagte nur: »Kein Problem.«

»Kein Problem« hieß in Wirklichkeit, daß ich meinen Arbeitsablauf ändern mußte, je nachdem, wo ich war. Manchmal hieß das, daß ich um 4.30 Uhr in der Frühe aufstehen und fast jeden Tag laufen mußte, ganz gleich, was auch passierte. Ich erinnere mich, daß es eines Tages in Strömen goß und ich zu Bob sagte: »Nun, heute kann ich nicht laufen.« Er fragte: »Warum nicht?« Und ich antwortete: »Weil mein Haar naß wird.« Woraufhin er meinte: »Und? Dann wird es eben naß.« Ich erklärte ihm: »Du weißt, wie sehr wir schwarzen Frauen auf unser Haar aufpassen müssen. Es darf einfach nicht naß werden.« »Das ist doch Blödsinn. Ich fürchte, dir bleibt keine andere Wahl. Aber wenn es dich tröstet: Meines wird auch naß.« Ich flehte: »Du verstehst das nicht. Das hat mit unserer Kultur zu tun.«

Er zerrte mich nach draußen. Ich habe mich auf Schritt und Tritt während des 12-Meilen-Laufs den Lake Shore Drive entlang beschwert. Es goß. Ich war völlig durchnäßt. Mein Haar war völlig durchnäßt. Es war Wochenende,

und andere hatten frei. Aber mein Haar wurde wieder trocken und ich irgendwie damit fertig.

Was das Training für einen Marathon so schwierig macht, ist die Tatsache, daß man trainieren muß, ganz gleich, was sonst noch los ist. Und ich habe daneben ein ganz anderes, vollkommen ausgefülltes Leben. Ich habe die Show, und »the show must go on«. Ich lief also morgens, vor der Show, zehn oder zwölf Meilen. Die langen Strecken, 15 bis 20 Meilen, hob ich mir für die Wochenenden auf.

Ich erinnere mich noch, als ich zum ersten Mal zwölf Meilen lief. Ich wußte immer genau, wann ich zwölf Meilen gelaufen war, denn dann wurden meine Beine zu Stein. Mein linkes fühlte sich immer an wie ein Zementklotz. Als ich kräftiger wurde, spürte ich es erst bei der 18. Meile. Als ich zum ersten Mal 18 Meilen lief, packte mich die Ehrfurcht vor mir selbst. Nach dem Lauf sprang ich ins Auto, ging aus und feierte. Ich konnte es nicht fassen. Achtzehn Meilen sind verdammt viel!

Normalerweise liefen wir hintereinander die Straße entlang, Bob immer ein kleines Stück voraus. Ich bin nie mit Kopfhörern gelaufen. Ich sang vor mich hin, meditierte, fragte mich: Was, zum Teufel, mache ich hier eigentlich? Es gab Augenblicke, in denen es surreal schien, und Augenblicke, in denen ich mich wirklich gut fühlte, weil ich die Kraft hatte, es einfach zu machen. Ich kam mir vor wie in einer Nike-Werbung.

Schön, dann kam der große Tag. Und es goß in Strömen – nasser, kalter Regen. Und – ja – ich war bereit. Ich war schon ein paarmal zuvor bis auf die Haut naß geworden. Es regnete die ganzen viereinhalb Stunden, die ich lief. Als ich fünf Meilen gelaufen war, war meine Jacke so durchgeweicht, daß ich sie auszog und fortwarf. Sie zog mich mit ihrem Gewicht nur hinunter.

Von den ersten drei Meilen spürte ich nichts. Viele Läufer machen den Fehler, am Anfang des Rennens zu schnell zu laufen. Sie lassen sich von der ganzen Aufregung mitreißen. Als das bei mir anfing, sagte Bob: »Du mußt ein wenig langsamer werden.« Mein Ziel war es, ungefähr neun Minuten für eine Meile zu benötigen, und ich lief die ersten drei Meilen in knapp unter 24 Minuten. Ich änderte es.

Ich lief mit der Nummer 40, wegen meines Alters. Ich zwang mich, alle drei Meilen Wasser zu trinken, ob ich Durst hatte oder nicht. Ich hatte das Ziel vor Augen und war fest entschlossen. Ich sprach so gut wie nicht. Wenn die Leute meinen Namen riefen, nickte ich nur oder hob eine Hand. Wir liefen an Denkmälern und Grünanlagen, an jubelnden Menschen und sogar an ein, zwei Bands vorüber. Ich blickte nicht hoch. Ich hatte mein Ziel vor Augen.

Der *National Enquirer* hatte zwei von seinen Jungs angestellt, die mir folgen sollten. Zum ersten Mal sprach ich mit einem Reporter. Sie wurden meine Checkpoint-Kumpel. »Wie weit sind wir, Jungs?« Sie antworteten: »Oprah, du bist bei Meile neunzehn. Lauf weiter, du siehst toll aus.«

Ungefähr in der 21. Meile bekam ich das alte Betongefühl. Aber mit nur noch fünf Meilen vor mir würde ich nicht aufhören. Als ich sah, daß mir nur noch eine Meile fehlte, wurde ich von Gefühlen überwältigt, die ich mir bis zum heutigen Tag nur schwer erklären kann.

Jedes Jahr dieses Kampfes gegen mein Gewicht zuckte mir durch den Kopf: Jedes Mal, wenn ich gebetet hatte, Gewicht zu verlieren, jedes Mal, wenn ich eine andere Diät probiert hatte, jedes Mal, wenn ich versagt hatte, jedes Mal, wenn ich die Kontrolle über meinen Körper und mein Leben haben wollte, aber nicht die Möglichkeit dazu sah. Jede schlechte Mahlzeit, jedes unterdrückte Gefühl, all das spürte ich plötzlich. Ich war voller Freude über mich. Ich konnte die Ziellinie sehen. Ich konnte tatsächlich die Ziellinie sehen!

Ich glaube, ein Marathonlauf ist eine Metapher für das Leben. Er hat seine Hindernisse, Augenblicke, in denen man am liebsten aufgeben würde, in denen man müde ist, überwältigt. Aber man läuft weiter. Und schließlich kann man die Ziellinie sehen. Der Zweck ist klar.

Es war ein stolzer, freudiger Augenblick, einer der besten, die ich je erlebt habe.

Seit damals ist es schwer, auf diesem Level weiterzulaufen. Also habe ich ein paar Monate nach dem Marathon wieder zugenommen. Ich trainiere aber immer noch jeden Tag, wenn auch nicht so hart. Wenn man nicht bereit ist, so hart zu arbeiten, und einen so niedrigen Grundumsatz hat wie ich, dann nimmt man zu – manchmal mehr, als einem lieb ist. Für eine kurze Zeit nahm ich ganze 15 Pfund zu. Ich versuche jetzt, mein Gewicht zwischen 68 und 71 Kilo zu halten. 68 ist am besten für mich, aber um das zu halten, muß ich unglaublich hart arbeiten. Bei meinem derzeitigen Arbeitspensum ist das nicht immer möglich. Aber das ist okay so, ich habe es akzeptiert.

Die ganzen Informationen über Sport, richtige Ernährung und darüber, wie mein Körper funktioniert, haben mir geholfen, mich körperlich zu verändern. Am wichtigsten aber ist es zu verstehen, daß es nicht so sehr um das Gewicht geht, sondern darum, daß es klick macht und man die Verbindung herstellt. Das heißt, daß man jeden Tag gut für sich sorgt und sich die größte Mühe gibt, sich genug zu lieben, um das Beste für sich zu tun. Ich muß sagen, daß das das größte Geschenk ist, welches Bob Greene mir gemacht hat. Die größte Veränderung, die ich durchgemacht habe, ist eine geistige. Sie entspringt der Erkenntnis, daß es ein Zeichen meiner großen Liebe zu mir selbst ist, wenn ich auf meinen Körper und meine Gesundheit achte. Jeden Tag gebe ich mir Mühe, auf mich zu achten. Und ich führe ohne Frage ein besseres Leben.

– Oprah Winfrey

EINFÜHRUNG

Wir sehen die Dinge nicht, wie sie sind,
wir sehen sie, wie wir sind.
- Anaïs Nin

Es war im Sommer 1992, und ich sollte Oprah Winfrey kennenlernen. Zu jener Zeit war ich Leiter der Fitneßabteilung in einem neuen Sanatorium in Telluride, Colorado, und Oprah war unter unseren ersten Gästen. Ich fragte mich, ob ich der einzige Mensch in ganz Amerika war, der die Oprah-Winfrey-Show noch nie gesehen hatte. Trotzdem wußte ich natürlich, wer sie war. Als ich in meinem Büro auf sie wartete, überlegte ich, wann ich ihren Namen zum ersten Mal gehört hatte.

Das war 1987 gewesen, und ich war für ein Gesundheits- und Fitneß-Programm in einem Krankenhaus in Südflorida verantwortlich. Es kam eine Woche, in der wir mit Anrufen wegen unserer Gewichtsreduktionskurse überschwemmt wurden. Der Grund für dieses plötzliche Interesse war, wie ich bald herausfand, Oprahs erster auffallender Gewichtsverlust und die Sendung, die sie darüber gemacht hatte. Sie eröffnete die Show damit, daß sie einen Karren ins Studio zog, der mit 60 Pfund Fett beladen war, um auf diese dramatische Art zu zeigen, wieviel sie abgenommen hatte. Die Pfunde waren gepurzelt, weil sie sich an das System von Optifast – Fasten und Ersatznahrung – gehalten hatte.

Ich war mit dieser Art von Diät vertraut, weil wir im Krankenhaus auch etwas Derartiges im Angebot hatten. Aber ich war fest davon überzeugt, daß ein Programm mit Ersatznahrung nur als letzter Ausweg gelten sollte und auch nur für ein paar wenige, ausgewählte Personen in Frage kam – ganz gewiß nicht, damit ein Durchschnittsmensch an Gewicht verlor. Diese Diäten bergen viele Risiken, unter anderem Gallenblasenkomplikationen, Herzrhythmusstörungen und Depressionen, und der Gewichtsverlust ist fast immer vorübergehend. Ich wußte, daß eine so bekannte Persönlichkeit wie Oprah Winfrey eine Menge Nachahmer finden würde, und hatte kein gutes Gefühl dabei. Ich glaubte auch nicht, daß Oprah ihr Gewicht halten konnte, wenn sie erst einmal wieder richtige Nahrung zu sich nahm.

Meine Vermutung bestätigte sich, als sie im folgenden Jahr das gesamte verlorene Gewicht wieder zunahm – und noch einiges mehr. Auch das ging natürlich durch die Medien, und wieder verzeichnete das Krankenhaus eine

Zunahme an Anrufen. Ich war erstaunt, daß eine einzelne Person einen solch enormen Einfluß auf unser Gewerbe haben konnte. Trotzdem tat sie mir leid, wie jeder, der mit Gewichtsproblemen zu kämpfen hat. Ich erinnere mich aber, daß ich zu jener Zeit davon träumte, sie kennenzulernen. Ich dachte, ich könnte ihr wirklich helfen.

Und jetzt, zwei Jahre später, sollte ich ihr tatsächlich begegnen. Kurz nachdem ich das Krankenhaus verlassen hatte, war ich nach Colorado gezogen, um bei der Eröffnung des Doral Telluride Resort and Spa mitzuhelfen. Es paßte eigentlich nicht zu mir, eine angesehene Stellung aufzugeben und mich mit weniger Geld zu begnügen. Aber ich fühlte mich dorthingezogen. Ich hatte schon immer in einer schönen Stadt in den Bergen im Westen leben, arbeiten und skifahren wollen. Nach der Schule hatte ich mich sogar mit dem Gedanken getragen, als Skilehrer zu jobben, aber ich wußte, daß es Zeit für mich war, erwachsen zu werden und »richtig« zu arbeiten.

Als Sporttherapeut hatte ich ungefähr zehn Jahre lang Menschen dabei geholfen, abzunehmen und aus gesundheitlichen Gründen ihren Lebenswandel drastisch zu ändern. In den vergangenen Jahren hatte ich jedoch den größten Teil meiner Zeit mit Verwaltungsaufgaben, Kopfschmerzen und Büroarbeiten verbracht. Die Arbeit mit den Patienten fehlte mir.

Als das Sanatorium öffnete und ich gebeten wurde, mit Oprah zu arbeiten, zögerte ich keinen Augenblick. Ich saß in meinem Büro und dachte darüber

nach, daß viele scheinbar zufällige Ereignisse in meinem Leben dazu geführt hatten, als ich im Flur Stimmen hörte. Ein Gast wurde herumgeführt. Es war Oprah. Ich verließ mein Büro, um sie zu begrüßen.

Als ich ihr vorgestellt wurde, sah ich ihr direkt in die Augen, wie ich es immer versuche, wenn ich mit jemandem spreche. »Schön, Sie kennenzulernen«, sagte ich. Sie schlug schnell die Augen nieder und starrte zu Boden. Später dachte ich: Habe ich sie zu sehr angestarrt? Kommt das, weil sie berühmt ist? Will sie nicht hier sein? Dann dämmerte es mir, daß ich dieselbe Reaktion von fast jedem Patienten bekomme, der abnehmen will.

Ihr Aussehen ist ihnen so peinlich, daß sie es häufig vermeiden, mir in die Augen zu sehen. Mehr noch, sie rechnen damit, daß ich sie verurteile, weil sie übergewichtig sind, genauso, wie sie es selbst tun. Eine solche Reaktion hatte ich von Oprah Winfrey, dem Star einer eigenen Fernsehsendung und der Gewinnerin zahlreicher Emmy-Awards, einer weltberühmten Persönlichkeit noch dazu, nicht erwartet. Sie fühlte sich sichtlich unwohl. Aber sie hatte keinen Grund dazu. Ehrlich gesagt, hatte ich gerade in diesem Augenblick einen Heidenrespekt vor ihr, wie vor jedem, der sich der Herausforderung stellt, dauerhaft abnehmen zu wollen.

Bei unseren langen Wanderungen und Workouts lachten Oprah und ich zusammen, erzählten uns Geschichten und fühlten uns allmählich immer wohler miteinander. Eines Tages befanden wir uns auf einer Wanderung mit

Oprahs guter Freundin Arleen, und aus dem Versuch heraus, etwas über mich zu erfahren, erkundigte sich Oprah: »Also, Bob, woher bist du?« Ich erzählte ihr, daß ich in New Jersey aufgewachsen bin. »Oh, das ist ja ganz bei Stedman in der Nähe«, sagte sie. Ich glaubte, sie wäre ein wenig durcheinander. »Nein, du mußt Camden meinen«, korrigierte ich. »Ich kenne kein Stedman in New Jersey.« Oprah brach plötzlich in schallendes Gelächter aus, aber ich konnte mir beim besten Willen nicht denken, warum. Als sie sich schließlich wieder in der Gewalt hatte, erklärte sie mir, daß Stedman der Vorname ihres Freundes sei, Stedman Graham. Sie war einfach überrascht, jemanden getroffen zu haben, der sowenig von ihr wußte. Arleen warf mir einen Blick zu, als wollte sie sagen: »Du hast zu lange hier oben in den Bergen gelebt.« Ich hatte den Eindruck, daß es Oprah gefiel, daß ich sowenig über ihr Leben wußte und nicht einmal einen Fernseher besaß. (Inzwischen kenne ich Stedman Graham recht gut, und ich muß sagen, daß er Oprah während der schwierigen Zeit des Abnehmens eine große Stütze war. Es kommt so oft vor, daß die wirklich wichtigen Menschen in Ihrem Leben Ihre Bemühungen sabotieren, meistens auf sehr unterschwellige Art. Diese Sabotage ist für gewöhnlich nicht bösartig, ja, meist nicht einmal bewußt, kann aber den Willen selbst der entschlossensten Persönlichkeit unterminieren.)

Während ihres dreiwöchigen Aufenthalts bei uns liefen Oprah und ich viele Meilen in den San-Juan-Bergen und verbrachten auch viel Zeit in der Sporthalle. Ich schätzte, sie hätte etwa neun Pfund abgenommen, wollte aber nicht, daß sie sich wog, weil ich wußte, daß sie enttäuscht sein würde, wenn die Waage keine großen Sprünge machte. Oprah verlangte sich sehr viel ab – vielleicht zu viel. Ich werde nie vergessen, wie sie nach einer Woche Training erklärte, daß sie mit 40 einen Marathon gelaufen haben wollte. Ich wußte, daß sie im kommenden Januar 39 wurde und ungefähr 211 Pfund wog, daß sie zwei, manchmal sogar drei Shows am Tag aufzeichnete und nebenbei noch ihre eigene Firma leitete. Die meisten hätten geglaubt, sie hätte es nur so dahingesagt, aber ich nahm es ernst. Ich wußte, daß sie es schaffen konnte.

Am Ende ihres Aufenthaltes hatte Oprah zwischen acht und zehn Pfund abgenommen. Sie und ich, wir waren beide glücklich über diese Ergebnisse. Ich war zuversichtlich, daß sie auch weiterhin abnehmen würde, war mir aber auch der enormen Aufgabe bewußt, die noch vor ihr lag, wenn sie ihr Leben dauerhaft ändern wollte. Als wir uns verabschiedeten, sagte sie: »Wart's ab, im Herbst komme ich wieder und werde unheimlich knackig aussehen«. Ich lächelte und dachte, wie lustig diese drei Wochen gewesen waren.

Durch meine Begegnung mit Oprah lernte ich vier sehr wichtige Dinge über sie:

- Sie war körperlich in der Verfassung, mit der erforderlichen Intensität zu trainieren.
- Sie wußte im Grunde, wie sie sich gesund zu ernähren hatte.
- Sie verfügte über die Willenskraft und den Wunsch, die Änderungen in ihrem Leben vorzunehmen, die zu einem dauerhaften Gewichtsverlust führen würden.
- Sie wußte entweder nichts von den emotionalen Problemen, die dazu beitrugen, daß sie übergewichtig war, oder sie unterschätzte deren Tiefe und Komplexität um einiges.

Oprah ist in vieler Hinsicht eine Quelle der Inspiration. Sie ist mit so vielen Gaben gesegnet, aber ein günstiger Stoffwechsel gehört nicht dazu. Darüber hinaus hat sie fast ihr ganzes Leben lang Nahrung zu sich genommen, wenn sie mit streßreichen oder schmerzhaften Ereignissen fertig werden mußte. Aus diesen Gründen ist sie ein solch hervorragendes Vorbild für Leute, die eine dauerhafte Änderung ihres Lebens anstreben. Oprah muß äußerst hart arbeiten, wenn sie ihr Gewicht auf dem Niveau halten will, das sie anstrebt – viel härter als der Durchschnittsmensch. Außerdem muß sie gesündere Wege finden, mit den Problemen des Lebens fertig zu werden – eines Lebens, in dem es täglich Probleme gibt. Das heißt nicht, daß sie mein Programm immer haargenau befolgen muß, aber ihr ist klar, daß sie schnelle Ergebnisse erzielt, wenn sie es tut, und wenn sie es nicht tut, so ist das ihre eigene Entscheidung. Sie weiß auch, daß diese neue, gesündere Art des Essens, Lebens und Denkens ihre Lebensqualität enorm vergrößert hat. Sie hat jetzt die Kontrolle über ihr Leben, und die können Sie auch haben!

Ich habe zehn Schritte ausgearbeitet, von denen ich glaube, daß sie den schnellsten und gesündesten Weg darstellen, Ihren Stoffwechsel anzukurbeln und überflüssiges Gewicht loszuwerden. Wenn sie täglich durchgeführt werden, sind diese zehn Schritte die effektivste Art, abzunehmen und gesund zu bleiben.

Es gibt keine Abkürzungen.

Dies ist kein Buch mit Tips und Tricks und leichten Antworten. Ihre Fähigkeiten werden sich allmählich steigern, aber Sie müssen Tag für Tag hart dafür arbeiten. Doch wenn Sie alle zehn Schritte regelmäßig befolgen, werden Sie wirkliche Ergebnisse sehen! Zuerst einmal müssen Sie ein paar grundlegende Dinge wissen, ehe Sie mit dem Programm beginnen. Und was noch wichtiger ist: Sie müssen sich entscheiden, ob Sie überhaupt bereit sind, sich selbst zu verpflichten, einen besseren Körper zu bekommen – und ein besseres Leben.

– Bob Greene

Warum wir essen

Warum wir essen

In einer idealen Welt würden wir einfach nur um des Vergnügens willen essen, um verschiedene Speisen auszuprobieren, oder weil wir die Gesellschaft der Menschen genießen, mit denen wir die Mahlzeit teilen. Aber wie Sie wissen, ist die Welt nicht ideal. Es gibt viele Gründe, warum wir essen. Manche dieser Gründe sind uns bewußt, andere eher weniger.

Nahrungszufuhr

Der grundlegende Zweck der Nahrungszufuhr ist erfüllt, wenn das Essen genügend Energie liefert. Diese Energie befindet sich in den Molekülen von drei Grundnahrungsstoffen: Kohlehydraten, Fett und Eiweiß. Wenn der Körper diese Makronährstoffe spaltet, wird Energie freigesetzt. Überschüssige Energie wird für spätere Verwendung als Fett gespeichert.

Doch die Nahrung versorgt uns nicht nur mit Energie, sondern auch mit Wasser und lebensnotwendigen Vitaminen und Mineralien. Vitamine sind organische Substanzen, die wir für fast alle körperlichen Prozesse benötigen. Mineralstoffe sind metallische Elemente, die für einen Vorgang erforderlich sind, den wir als Metabolismus oder Stoffwechsel kennen. Wasser ist ein wirklich erstaunlicher Nährstoff. Er hat mit praktisch allen der zahlreichen Körperfunktionen zu tun. Wir nehmen Wasser zu uns, indem wir es trinken oder es der Nahrung entziehen, die wir essen. Wasser benötigen wir täglich.

Dies sind im groben die Gründe, aus denen wir essen müssen. Aber natürlich können wir auch aus ganz anderen Gründen essen.

Essen zum Vergnügen

Machen wir uns doch nichts vor: Den meisten von uns macht Essen einfach Spaß. Und so soll es auch sein. Es gibt so viele Restaurants, Kochbücher, Essenszeitschriften, Feinkostläden, ja, sogar Kochsendungen im Fernsehen, daß man wohl sagen kann, wir haben die Kunst des Essens zu neuen Höhen geführt – und mit ihr die Kochkunst.

Es gibt so vieles, was wir an einer Mahlzeit schätzen: den Geschmack, den Duft, die Zusammensetzung, das Aussehen. In diesem Sinne ist Essen etwas Wunderbares. Etwas, das wir allein oder gemeinsam mit anderen genießen können.

Essen in Gesellschaft

Nahrungsmittel sind schon immer Teil des gesellschaftlichen Lebens gewesen, und so wird es auch bleiben. Sie sind ein wesentlicher Bestandteil von Familientraditionen, sei es bei besonderen Gelegenheiten oder bei den täglichen Mahlzeiten. Ist Ihnen nicht auch schon aufgefallen, daß es so gut wie unmöglich ist, einen Besuch zu machen, ohne daß irgend etwas aufgetischt wird? Darauf zu verzichten könnte als Beleidigung aufgefaßt werden.

Das Essen spielt auch eine wichtige Rolle, wenn Freunde zusammenkommen. Was wäre eine Verabredung am Freitagabend ohne Abendessen und Kino? Können Sie sich vorstellen, wie ein Kartenspiel ohne etwas zu essen aussehen würde? Bei vielen Feierlichkeiten dreht sich alles nur darum. Was wären Ferien ohne Essen? Was würden wir sonst bei einer Hochzeitsfeier tun? Essen ist Teil unserer Kultur. Aber wenn wir anfangen, Nahrung im Überfluß zu uns zu nehmen und aus anderen Gründen als Ernährung und Genuß zu essen, dann haben wir häufig Probleme.

Essen gegen Streß

Da ich sehr eng mit Oprah zusammenarbeite, hatte ich mehr als genug Zeit, ihre Eßgewohnheiten zu studieren. Ich merkte schnell, wann und warum sie aß. Ich habe sie eines Abends beobachtet, wie sie in ihrem Büro auf und ab lief. Jedesmal, wenn sie am Couchtisch vorbeikam, schnappte sie sich ein paar Trauben. Dann drehte sie um und ging zu einem Beistelltischchen, um sich eine Handvoll Popcorn zu nehmen. Nachdem ich ein paar Minuten zugesehen hatte, fragte ich: »Hattest du einen harten Tag?« Sie blieb stehen und sagte: »Woher weißt du das?« – »Nun, es ist ganz offensichtlich«, antwortete ich. »Du hast dir gerade drei Handvoll Snacks einverleibt, und ich bin erst seit vier Minuten hier!« Sie legte die Trauben auf den Tisch zurück und seufzte. Ich sah ihr an, daß ihr gerade dämmerte, daß sie nicht aß, weil sie hungrig, sondern weil sie gestreßt war. Dieses häufig unbewußte Essen unter Streß ist nur allzu verbreitet. Ich bin überzeugt, daß wir es irgendwann alle schon einmal erlebt haben.

Das Baby schreit, Sie sind in Eile, weil Sie die älteren Kinder zur Schule bringen müssen, Sie verbrennen sich die Hand am Toaster, und das Telefon klingelt: Der Babysitter kann nicht kommen. Wenn sich das Chaos gelegt hat, gehen Sie an den Kühlschrank und essen die übriggebliebene halbe Sahnetorte, die Sie als Nachspeise für die Familie aufgehoben hatten. Oder Sie sitzen am Schreibtisch, ein wichtiger Bericht ist fällig, der Kunde, der sich in der vergangenen Woche über Sie beschwert hat, ist am Telefon und wünscht ein Treffen, und Ihr Boß kommt alle zehn Minuten ins Zimmer, um zu fragen, wo der Bericht bleibt. Ihnen fällt der Schokoriegel in der obersten Schreibtischschublade ein.

Genuß am Essen zu finden, aus gesellschaftlichen Gründen zu essen, ja, sogar zu essen, um Streß abzubauen, das alles sind Verhaltensweisen, mit denen wir uns identifizieren können. Sie sind weit verbreitet und gesellschaftlich akzeptiert, und wir machen sogar Witze darüber. Aber wenn wir irgend etwas davon zu oft tun, kann ein Gewichtsproblem entstehen. Für manche von Ihnen ist eine oder eine Kombination dieser Verhaltenweisen die Hauptursache für Ihr Gewichtsproblem.

Für Sie ist die Straße zu einem gesünderen Lebenswandel viel leichter begehbar als für jemanden, der tiefergehende, emotionale Gründe hat. Ihr Gewichtsverlust könnte jedoch von den alltäglichen Umständen erschwert werden – Umständen, die erkannt, untersucht und behoben werden müssen. Vor nicht allzu langer Zeit arbeitete ich mit einer Börsenmaklerin namens Louise. Während unserer Übungsstunden beschrieb Louise, wie es im »Hexenkessel« aussah, also dort, wo die Papiere gehandelt wurden. Es klang entsetzlich stressig.

Ihre Übungsstunden liefen großartig, aber sie schien diese letzten zwölf Pfund einfach nicht loszuwerden. Ich wußte, daß das mit ihren Eßgewohnheiten zusammenhing, die wiederum auf ihren stressigen Job zurückzuführen waren. Erst als sie anfing, Buch zu führen, ihre Sportzeit auf den Morgen zu verlegen, ihr eigenes Essen mit zur Arbeit zu nehmen und schließlich noch ein Ventil für ihren Streß fand – einen Spaziergang –, gelang es ihr, die letzten zwölf Pfund abzunehmen. Bei Louise waren es keine wichtigen, emotionalen Belastungen, die zu ihrem Übergewicht geführt hatten. Es war ihr Lebenswandel, der diese überschüssigen Pfunde mit sich brachte. Sie mußte einen anderen Weg als das Essen finden, um mit dem Streß in ihrem Leben umzugehen.

Wie Louise werden vielleicht auch Sie von extremem Streß am Arbeitsplatz oder daheim am Abnehmen gehindert. Dann ist es für Sie wichtig, nicht nur Sport zu treiben und sich richtig zu ernähren, sondern auch zu erkennen, wann und warum Sie essen. Wenn Sie zu Beginn Ihres Programms Buch darüber führen, werden Sie leichter erkennen, was Ihnen Streß verursacht, wann er am größten ist und wann Sie aus diesem Grund

Mißbrauch mit dem Essen treiben. Sie können die Zeiten festhalten, in denen Sie essen, um eine stressige Situation zu überwinden, oder notieren, wann Sie in Gesellschaft zuviel essen. Sie können auch aufschreiben, was Sie in dieser Zeit gedacht und gefühlt haben. Das kann Ihnen helfen, die Gründe für Ihre Völlerei aufzudecken. Unter Schritt zehn werde ich noch näher auf diese Notizen eingehen.

Ich weiß, daß es schwierig ist, Gewohnheiten zu ändern – und letzten Endes sogar Ihr Leben. Aber Sie können es schaffen. Wenn Sie die in diesem Buch vorgegebenen Schritte mit ein wenig Disziplin, Mühe und Willenskraft befolgen, werden Sie Ihr Wunschgewicht erreichen und Selbstbeherrschung gewinnen.

Aber wenn tiefergehende, emotionale Gründe dahinterstehen, wird der Prozeß des Abnehmens viel komplizierter.

Die emotionale Seite des Essens

Ich hatte ungefähr drei Monate mit Oprah gearbeitet, als mir auffiel, daß sie fast jede Woche mit ihren Freunden ausging, um irgend etwas zu feiern – einen Geburtstag, einen Jahrestag, Urlaub, ja, sogar eine gute Show. Während dieser Feiern aß sie immer etwas, was nicht sehr gesund für sie war. Ich machte mir keine allzu großen Sorgen, weil sie sich im übrigen ans Programm hielt, und wie ich bereits erwähnte, ist das Essen eine normale gesellschaftliche Aktivität. Aber ich wußte, es war wichtig herauszufinden, warum sie so häufig über die Stränge schlug. So konfrontierte ich sie einmal, als sie von einem solchen Ereignis heimkehrte: »Die meiste Zeit über hältst du dich so wacker. Warum ernährst du dich so schlecht, wenn du mit deinen Freunden ausgehst?«

Ihre erste Reaktion war: »Was soll das heißen? Soll ich etwa den achten Jahrestag der Show nicht feiern? Ich hab' doch nur ein bißchen fritierten Tintenfisch gegessen.« Ich wies sie darauf hin, daß sie jede Woche irgend etwas feierte und, was noch wichtiger war, etwas aß, von dem sie wußte, daß sie es nicht essen sollte. Als Oprah mir dann ihre Abende beschrieb, wurde mir klar, daß sie sich jedesmal, wenn sie mit ihren Freunden zusammenkam, unter Druck gesetzt fühlte, mit ihnen zu essen und zu trinken. Sie machten Bemerkungen wie: »He, wir haben Grund zu feiern, kannst du nicht wenigstens ein bißchen von dem hier probieren?« oder: »Soll das etwa heißen, du kannst nicht einmal ein Glas Wein trinken (aus dem dann zwei oder drei wurden)?«

Warum wir essen

Ich wußte, daß es ein Problem war, daß einige ihrer Freunde sie nicht bei dem Versuch, abzunehmen, unterstützten, ein Problem, mit dem wir fertig werden mußten. Aber dahinter verbarg sich ein grundlegendes Problem.

Ich erklärte Oprah: »Ich glaube, du willst deine Freunde einfach nicht im Stich lassen.« Sie schwieg einen Moment. Dann sagte sie: »Dieses Problem habe ich seit meiner Kindheit.« Ich wußte, daß es für sie einen Durchbruch bedeutete, das mir gegenüber zuzugeben. Oprahs Bedürfnis, Menschen zu gefallen, indem sie niemals nein sagte, stammte noch aus ihrer Kindheit. Sie fürchtete, ihre Freunde würden sie nicht mehr mögen, wenn sie nein sagte. Das klingt vielleicht vereinfacht. Aber es war der Grund dafür, daß sie eine Einladung zum Essen mit ihren Freunden nicht ablehnte, obwohl sie wußte, daß es ihre Abmagerungsbemühungen unterminieren würde.

Ihr fehlte nicht nur der Wille, nein zu sagen; das Ausgehen in ein Restaurant spielte noch in ein anderes Problem hinein, das sie hatte. Essen war Oprahs erste Wahl, wenn sie mit etwas fertig werden mußte. Sie suchte Trost im Essen, wann immer sie sich ungeliebt fühlte oder unzufrieden mit sich selbst war. Wenn sie aß, fühlte sie sich getröstet und sicher – sogar geliebt. Sie begrub ihre Probleme also im wahrsten Sinne unter dem Essen. Sie aß, um sich gegen schlechte Nachrichten und schlechte Gefühle zu wappnen. Essen wurde zum Narkotikum. Es schottete sie ab von Schmerz, Kummer, Angst, einfach von jeglichem Gefühl, das sie nicht empfinden wollte.

Die Tatsache, daß ihre Freunde sie in Versuchung führten, ist ein ganz anderes Thema, auf das ich später noch zurückkommen werde. Hier geht es darum zu zeigen, wie tiefverwurzelte, emotionale Probleme Ihre Eßgewohnheiten beherrschen können.

Wir gehen alle unterschiedlich mit Schmerz um. Manche Menschen greifen zu Alkohol und Drogen, andere vergraben sich in ihrer Arbeit, manche lassen es an Dritten aus, und wieder andere essen. Dabei ist das Essen nur zufällig der Mechanismus, der von der Gesellschaft am ehesten akzeptiert wird. Er ist auch derjenige, der am offensichtlichsten ist. Mit dem Essen tragen Sie häufig auch Ihren Schmerz mit sich herum.

Ich schätze, daß die meisten von uns irgendwann in ihrem Leben einmal zum Essen gegriffen haben, um mit Problemen fertig zu werden. Wieviel und wie häufig Sie essen, kann Ihnen zeigen, inwieweit Ihre emotionalen Probleme schuld an Ihrem Gewichtsproblem sind.

Ich denke hierbei an Probleme, die auf frühkindliche Erfahrungen oder traumatische Erlebnisse zurückzuführen sind. Sie können alles beeinflussen, von Ihren Eß- und Sportgewohnheiten bis hin zu Ihrer Selbstwahrnehmung. Wenn Sie jedoch immer gegessen haben, um diese Probleme zu bewältigen, dann haben Sie nun eine viel längere, kompliziertere und manchmal sogar schmerzliche Reise vor sich, ehe Sie dauerhaft abnehmen. Aber es wird auch unglaublich lohnend sein, wenn Sie es schaffen.

Für Oprah stand Essen bei der Bewältigung von Problemen ganz eindeutig an erster Stelle. Für sie war ihr Übergewicht sowohl ein körperliches als auch ein seelisches Problem. Um nun dauerhafte Veränderungen in ihrem Leben vorzunehmen, mußte sich Oprah den unterschwelligen emotionalen Problemen stellen, denen sie mit Hilfe des Essens ausgewichen war.

Viele kennen ihre emotionalen Probleme vielleicht gar nicht einmal. So wie die 36jährige Barbara. Ehe ich einwillige, mit neuen Patienten zu arbeiten, die abnehmen wollen, unterhalte ich mich immer erst einmal mindestens zwei Stunden lang mit ihnen. Während einer solchen Konsultation mit Barbara erfuhr ich, daß sie zwei-, dreimal pro Woche unkontrolliert aß und anschließend unter Depressionen litt. Sie wies eine klassische Eßstörung auf. Ihr war nicht klar, warum sie diese Episoden hatte. Ich erkundigte mich, ob sie eine Therapie machte, und sie bejahte. Ich war überzeugt, daß ich ihr mit einem Übungs- und Ernährungsplan helfen könnte.

Warum wir essen

Während unserer Übungsstunden, die zweimal wöchentlich stattfanden, erzählte sie mir oft lustige Geschichten von ihren Verabredungen. Vom Einführungsgespräch wußte ich, daß diese Eßanfälle im Alter von 22 Jahren begonnen hatten. Aus einem Impuls heraus fragte ich sie, ob sie damals einen Freund gehabt hatte. Sie erwiderte, daß sie und ihr Freund sich etwa sechs Monate vor ihren Freßepisoden getrennt hatten. Bingo.

Erstaunlich ist, daß Barbara anfangs unsicher war, ob diese beiden Ereignisse miteinander zu tun hatten. Mit Hilfe eines anderen Therapeuten lernte sie zu erkennen, welch starken Einfluß ihre emotionalen Probleme mit Männern auf ihre Eßgewohnheiten hatten. Sie konnte aufhören, sich vollzustopfen, und erreichte ihr Zielgewicht.

Wenn Sie nicht aus Hunger essen, ist es wieder hilfreich, zu notieren, was Sie gegessen haben, wieviel und warum. Auch die Gefühle sollten Sie auf dem Papier festhalten, die Sie empfanden, als sie zu essen anfingen und als sie aufhörten. Ihr Tagebuch kann ein wertvolles Hilfsmittel für Sie werden.

Wenn Ihre Eßgewohnheiten mit emotionalen Problemen verknüpft sind, ist es äußerst wichtig, daß Sie die Schritte in diesem Buch lernen und befolgen, aber fast immer wird zusätzliche Hilfe benötigt. Diese Hilfe kann ein Therapeut bieten, aber auch ein Freund oder Verwandter, ein Ernährungsspezialist oder ein Physiotherapeut. Die Art der zusätzlichen Unterstützung ist unterschiedlich. Es hängt von der Komplexität der emotionalen Probleme ab. Auch Ihr Hausarzt kann Ihnen die richtige Richtung weisen und sollte konsultiert werden, ehe Sie ein neues Programm in Angriff nehmen.

Sie werden feststellen, daß Sie sich auch Ihrer Gefühle bewußter werden, wenn es Ihnen bessergeht. Außerdem wird die Nahrungszufuhr als Puffer für Streß oder emotionalen Schmerz nicht mehr so wichtig sein. So war es auch bei Oprah. Ich weiß noch, daß sie 63 Pfund abgenommen hatte, sich gesund ernährte und regelmäßig Sport trieb, als sie zum ersten Mal Kopfschmerzen bekam. Ich meine, zum ersten Mal in ihrem Leben! Wir liefen in der Halle, und sie war nicht so vergnügt wie sonst, also fragte ich, ob irgend etwas nicht in Ordnung sei. »Ich habe Kopfschmerzen«, antwortete sie mir. »Hast du die oft?« hakte ich nach. »Nein, ich habe noch nie welche gehabt.« Das glaubte ich ihr natürlich nicht und fragte sie noch dreimal. »Heißt das, du hast wirklich noch nie Kopfschmerzen gehabt?« Die Antwort war jedesmal dieselbe: nein.

In der Vergangenheit ging Oprah einfach an den Kühlschrank und aß den Streß oder Schmerz fort. Aber als sie das Essen nicht mehr als Ventil einsetzte, lernte sie körperlichen Schmerz kennen. Schmerz ist ein Teil des Lebens.

Ich bin froh, sagen zu können, daß Oprah heute auch Rückenschmerzen, Muskelschmerzen und Krämpfe kennt!

Auch ihre emotionalen Schmerzen lernte Oprah nun zu ertragen, anstatt sie unter Lebensmitteln zu begraben. Und weil sie auf gesunde Art damit umgeht, ist es ihr gelungen, ihr überschüssiges Gewicht konstant abzulegen.

Das Gewicht zu halten ist dabei tatsächlich die größte Herausforderung. Sehen Sie sich bloß einmal die Statistiken über Gewichtsabnahme auf lange Sicht an, dann werden Sie verstehen, wie schwierig diese Reise für jeden sein kann, der sie antritt: Ungefähr 95 Prozent der Menschen, die mit einem Abnahmeprogramm beginnen, haben nach fünf Jahren ihr altes Gewicht wieder! Nicht gerade eine trostreiche Statistik!

Aber ich weiß, daß Sie es besser können. Als ich die vergleichsweise wenigen Leute studiert habe, die erfolgreich waren, ist mir aufgefallen, daß sie in ihrem Abnahmeprozeß immer zwei Stufen durchlaufen. Beide Stufen sind für jeden wichtig, der auf Dauer abnehmen möchte. Der erste Schritt besteht darin, sich gesund zu ernähren und sportliche Übungen zu einem Bestandteil des Lebens zu machen. Die Beschreibung und Durchführung dieser Veränderungen im Leben bilden den wichtigsten Punkt dieses Buches. Der zweite Schritt verlangt dann von Ihnen, das herzustellen, was ich »die Verbindung« nenne. Daß es »klick« macht bei Ihnen.

Die Verbindung

Ich war mitten im Einführungsgespräch mit Sandra. Als sie von all den erfolglosen Diäten und Abmagerungskuren erzählte, die sie in den vergangenen zehn Jahren ausprobiert hatte, steckte ihr Mann den Kopf zur Tür herein und sagte hallo. Beide schienen sehr nett, und ich mochte sie auf Anhieb.

Sandra wollte ungefähr 30 Pfund abnehmen, ein durchaus realistisches Ziel. Während dieser Konsultation änderte ich das eine oder andere an Sandras Diät, aber nicht sehr viel, denn sie hatte schon eine ganz gute Vorstellung von richtiger Ernährung. Sie trieb sogar Sport, doch auch da mußten noch ein paar Korrekturen vorgenommen werden. Nach etwa sechs Wochen hatte Sandra nur vier Pfund abgenommen und war ziemlich enttäuscht. Andererseits schien sie aber nie wirklich glücklich mit dem, was sie erreicht hatte. Ich erklärte ihr, daß vier Pfund gut seien und es vielleicht nur langsam gehen würde. Viel wichtiger jedoch wäre es, wie sie sich fühlte. Nach unserem Gespräch ging es ihr deutlich besser. Im Anschluß an unsere nächste gemeinsame Sportstunde gestand sie mir, daß ihre Ernährung sowie ihr Sport gelitten hätten. Sie erwähnte auch, daß sie sich mit ihrem Mann gestritten und sie beide seit einer Woche kein Wort mehr miteinander gewechselt hätten.

In den folgenden Monaten erzählte Sandra mir immer mehr von ihrem Privatleben. Es wurde deutlich, daß sie John, ihren Mann, zwar sehr gern mochte, daß sie aber ernste Probleme miteinander hatten. Ihr Gewicht hatte sich seit einiger Zeit nicht mehr geändert, aber sie hatte seit unserem ersten Treffen fast 20 Pfund abgenommen. Mehr als alles andere wünschte sie sich, ihr Zielgewicht zu erreichen. Ich hatte den Eindruck, die Ursache dieser Stagnation war ihre unglückliche Ehe. Diese ließ sie essen, wenn sie es eigentlich nicht sollte. Ich wußte aber auch, daß die Ehe sehr wichtig für sie war und daß sie Angst davor hatte, bedeutende Änderungen in ihrem Leben vorzunehmen. Als sie mich fragte, was sie tun müßte, um dieses Plateau zu überwinden, erklärte ich ihr, sie müsse ihr gesamtes Leben betrachten und sich selbst glücklich machen.

Es ging auf den Sommer zu, und ich mußte Sandra sagen, daß ich sechs Wochen lang mit Oprah unterwegs sein würde. Ich erklärte ihr, wir könnten unsere gemeinsamen Stunden wiederaufnehmen, sobald ich zurück sei, glaubte aber nicht, daß sie meine Hilfe noch länger benötigte. Einen Moment lang wirkte sie verloren, meinte dann aber: »Du hast recht.«

Als ich zurückkam, meldete ich mich bei all meinen ehemaligen und derzeitigen Patienten, darunter auch bei Sandra. Sie hatte tolle Neuigkeiten: Sie hatte ihr Zielgewicht erreicht, hatte einen Karrieresprung gemacht und erklärte: »Mein Leben ist wunderbar!« Sie hörte sich an wie ein völlig neuer Mensch. »Oh, noch etwas«, fügte sie hinzu, »John ist ausgezogen.« Ich fragte sie: »War das nicht schwierig?« Ihre Antwort lautete: »Sehr sogar. Aber es war für uns beide das beste, und ich bin jetzt an einem Punkt angelangt, an dem ich das tue, was für mich am besten ist. Ich bin mir selbst sehr wichtig.«

Das waren die Zauberworte. Sandra hatte das gemacht, was ich »die Verbindung herstellen« nenne. Und ihr Leben hatte sich für immer verändert. Es ist nur selten so einfach wie in Sandras Fall, aber es kann geschafft werden.

Die Verbindung herstellen bedeutet, seine Wahrnehmung zu ändern. Zunächst einmal muß man erkennen, daß das Wichtigste nicht der Gewichtsverlust ist. Das Übergewicht ist vielmehr Symptom für ein viel größeres Problem, und Abnehmen ist die – wenn auch angenehme – Nebenwirkung von etwas viel Wichtigerem. Tatsächlich geht es darum, mehr Selbstbewußtsein, innere Kraft und Disziplin zu entwickeln. Es geht darum, sich mit jedem Tag wohler zu fühlen, sein Leben unter Kontrolle zu haben, für sich selbst zu sorgen. Und letztendlich geht es darum, sich selbst zu lieben.

Diese Verbindung läßt sich selten sofort herstellen. Meistens kommt es dazu, wenn man abnimmt und die damit einhergehenden positiven Veränderungen in seinem Leben erfährt. In dem Maße, wie Sie abnehmen, verbessert sich Ihr Leben, und umgekehrt. Das liegt daran, daß Ihr Gewicht, Ihr Selbstbild und sogar Ihr Körper andere Dinge in Ihrem Leben widerspiegeln.

Sie können einen positiven Kreislauf in Ihrem Leben schaffen. Wenn Sie anfangen abzunehmen, setzen Sie diesen positiven Kreislauf in Gang. Sie fühlen sich besser, und das trägt dazu bei, daß Sie Ihren neuen Lebensstil fortsetzen wollen, was wiederum dazu führt, daß Sie weitere überflüssige Pfunde abstoßen und sich noch besser fühlen werden. Wenn Sie sich Ihrem Idealgewicht nähern, sind Sie geistig besser in der Lage, die Verbindung herzustellen, weil Sie sich noch mehr Gedanken über sich selbst machen werden. Sie werden nur das Beste für sich wollen, und das heißt ausreichend Bewegung und richtige Ernährung, aber auch den gesunden Umgang mit Ihren Problemen. Sie haben die Verbindung hergestellt, wenn Sie sich selbst so wichtig sind, daß Sie nichts mehr tun wollen, was nicht in Ihrem eigenen Interesse liegt.

Diese Verbindung läßt sich nur herstellen, wenn Sie wirklich bereit sind. Sie verlangt viele Veränderungen von Ihnen, sowohl in Ihrer Wahrnehmung als auch in Ihren Handlungen. Sie können sie nicht erzwingen. Aber wenn Sie wissen, daß es geschehen kann, so reicht das schon aus. Sinn und Zweck dieses Buches ist es in erster Linie, Sie auf den Weg zu bringen, Ihnen zu helfen, den ersten Schritt dieser Reise zu tun – die körperlichen Schritte wie gesunde Ernährung und Sport, die notwendig sind, um Pfunde abzustoßen und Ihr Idealgewicht zu halten. Daneben soll das Buch Sie mit der Vorstellung vertraut machen, daß Ihr Verhalten zum Großteil von den Gefühlen bestimmt wird, die Sie sich selbst entgegenbringen, und daß diese auch Einfluß darauf nehmen, wie Sie mit sich selbst umgehen. Und das wiederum wirkt sich stark auf Ihr körperliches Erscheinungsbild aus. Um den Kreis voll zu machen: Ihr körperliches Erscheinungsbild bestimmt zum großen Teil die Gefühle, die Sie sich selbst entgegenbringen. Dieser Kreislauf kann eine positive oder negative Richtung nehmen.

Oprah hat den Kreislauf in positiver Richtung in Gang gesetzt, als sie ihr Gewicht und ihr Leben verbesserte. Weil sie sich jetzt mehr liebt, behandelt sie sich von Tag zu Tag besser, sorgt für sich, schützt sich und ist auch in der Lage, ihre Freunde damit zu konfrontieren, daß sie ihre Abmagerungsversuche unterminieren. Ja, sie hat sogar deren Unterstützung gewonnen. Sie muß das Bedürfnis, ihren Freunden zu gefallen, nicht länger als Entschuldigung vorschieben, um zuviel zu essen.

Auch viele von Oprahs Freunden mußten sich an ihr neues Leben anpassen. Und das wird bei Ihnen und den wichtigen Menschen in Ihrem Leben nicht anders sein.

Wenn Freunde und Familie unsere Bemühungen nicht unterstützen

Ich habe noch nie mit jemandem gearbeitet, der abnehmen wollte und dem dabei nicht Steine in den Weg gelegt worden sind – von Menschen, die ihm nahestanden. Ich bin jetzt seit 15 Jahren in dieser Branche, und es überrascht mich immer wieder. Die Ausmaße dieses Problems variieren dabei sehr, aber es ist fast immer vorhanden, und darüber sollten Sie sich im klaren sein. Diese Sabotage kann offenkundig oder unterschwellig sein. Der Mensch dahinter ist sich dessen vielleicht nicht einmal bewußt. Und die Gründe dafür sind so unterschiedlich wie die Menschen selbst.

Es hängt immer damit zusammen, wie sich Ihr Gewichtsverlust auf die Person auswirken wird, die Ihre Bemühungen untergräbt. Einige von Oprahs Freunden fühlten sich eindeutig bedroht. Vielleicht fürchteten sie, Oprah hätte nicht mehr soviel mit ihnen gemein, wenn sie abnehmen würde. Vielleicht dachten sie, sie würde dann nicht mehr soviel Zeit mit ihnen verbringen wollen. Vielleicht würde sich sogar ihre Einstellung ihren Freunden gegenüber ändern, wenn sie abnehmen würde. Das könnte letztendlich dazu führen, daß sie ihre Freundschaft verlieren würden. Dieser Gedanke könnte falscher nicht sein, aber wir sind nicht immer vernünftig.

Oprahs Kampf mit ihren Freunden nahm nicht diese Ausmaße an. Aber viele von ihren Fans hatten das Gefühl, von Oprah im Stich gelassen worden zu sein, als sie abnahm. Das beunruhigte sie zwar, reichte aber nicht aus, um sie von ihrem Programm abzubringen. In den vergangenen Jahren hätte es sie veranlassen können, ihre Abmagerungsbemühungen aufzugeben, da sie noch immer das starke Bedürfnis verspürte, den Leuten zu gefallen. Statt dessen beschloß sie jetzt sogar, eine Sendung zu diesem Thema zu machen. Eine Frau in dieser Sendung gab zu, daß sie früher davon geträumt hatte,

Oprah zum Abendessen einzuladen. Jetzt jedoch, nachdem Oprah abgenommen hatte, war sich diese Frau nicht einmal mehr sicher, ob sie Oprah
überhaupt im Haus haben wollte.

Unterschätzen Sie nicht, in welchem Maße sich Ihr Gewichtsverlust auf die
Menschen auswirkt. Häufig wird das Problem immer deutlicher, je mehr Sie
abnehmen. Sehen Sie selbst, was passiert, wenn Sie die Verbindung herstellen. Als Sandra ihrem Zielgewicht immer näher kam, wurden die Ängste
ihres Ehemannes immer größer. Er hatte Angst, daß sie in Zukunft weniger
gemein haben würden, daß sie ihn verlassen könnte. Er ging so weit, ihr Hindernisse in den Weg zu legen, nicht nur auf ihrem Weg zu einem niedrigeren

Gewicht, sondern auch auf ihrem beruflichen Weg nach oben. Das tat er nicht böswillig. Tatsächlich war ihm überhaupt nicht bewußt, was er tat. Aber sie mußte die Kraft finden, für das einzutreten, was sie wirklich wollte, um ihre Ziele zu erreichen. Sie hat zwar ihre Ehe verloren, dafür aber ihren Selbstrespekt und vieles mehr gewonnen.

Wenn Sie die Verbindung herstellen, wird sich Ihr Leben ändern. In Ihrer nächsten Umgebung kann es Menschen geben, die sich dagegen sträuben. Wenn Ihre Freunde und Verwandten Ihnen nicht die Unterstützung schenken, die Sie brauchen, dann kann Ihr Abmagerungsversuch zur Sisyphusarbeit werden. Deshalb rate ich ihnen, ehe Sie dieses Programm in Angriff nehmen, zu versuchen, diese Menschen so früh wie möglich auf Ihre Seite zu ziehen. Geben Sie ihnen dieses Buch oder zumindest dieses Kapitel zu lesen. Sagen Sie ihnen, daß es um mehr als einfach eine Abmagerungskur oder ein Fitneßprogramm geht; Sie wollen Ihr Leben verändern. Bitten Sie sie um Unterstützung. Vielleicht möchten sie sogar an Ihrem neuen Leben teilhaben.

Mangelnde Unterstützung durch die Menschen, die Sie umgeben, kann eine Straßensperre auf der Reise in Ihr neues Leben sein. Möglicherweise stoßen Sie noch auf andere. Die physischen Schritte, die nötig sind, um diese Reise zu machen, werden wir gleich behandeln, aber Ihr Erfolg hängt letztendlich davon ab, daß Sie sich eine gesunde mentale Grundlage schaffen, und das fängt damit an, daß Sie sich Ihrer selbst bewußt werden.

Die Seele
ißt mit

Die Seele ißt mit

Nur, wenn Sie sich Ihrer selbst bewußt sind, können Sie sich selbst akzeptieren. Und nur, wenn Sie sich selbst akzeptieren, können Sie sich selbst lieben. Und wenn Sie zu dieser Eigenliebe fähig sind, lernen Sie zu lieben. Unser eigentliches Ziel ist es, Liebe auszudrücken. Und Sie haben geglaubt, Sie hätten ein Buch übers Abnehmen gekauft! Haben Sie auch. Aber dieser Weg führt Sie zur Verbindung. Und wenn Sie diese Verbindung herstellen, wird sich Ihr Leben ändern.

Ich weiß, daß Sie es kaum erwarten können, die Schritte zu machen. Aber ehe Sie irgendwelche körperlichen Veränderungen vornehmen können, müssen Sie sich selbst kennenlernen. Nur auf dieser Grundlage können Sie Ihr Leben verändern. Denken Sie nur daran, was passiert, wenn Sie ein Haus auf wackeligem Grund bauen. Es stürzt irgendwann ein. Das ist einer der Gründe dafür, daß so wenige Menschen nach einer Abmagerungskur ihr Gewicht halten. Wenn Sie nicht wissen, wer Sie sind oder was Sie wollen, wenn Sie unzufrieden mit sich selbst sind oder glauben, abzunehmen wäre die Lösung für all Ihre Probleme, dann kann ich Ihnen fast garantieren, daß Sie bald alles wieder zugenommen haben werden. Wir alle müssen uns selbst akzeptieren und lieben, ganz gleich, wie wir aussehen. Das heißt, wir müssen uns jetzt ebensosehr lieben wie später, wenn wir unser Ziel erreicht haben. Denken Sie daran, daß Essen als Betäubung eingesetzt werden kann, um Schmerz zu besänftigen, daß aber das ursprüngliche Problem, das diesen Schmerz verursacht hat, ungelöst bleibt. Wenn Sie sich Ihren Problemen jetzt oder auf dem Weg zu Ihrem Zielgewicht nicht stellen, fallen Sie nur leichter in Ihre alten Gewohnheiten zurück, mit Schmerz umzugehen.

Sie können von diesem Kapitel profitieren, ob nun das Essen Ihre bevorzugte Methode ist, mit Schmerz umzugehen, oder nicht. Dieses Kapitel trägt dazu bei, die Bühne für die Verbindung vorzubereiten. Es kann ein schwieriger Prozeß sein, selbst-bewußt zu werden. Wenn Sie feststellen, daß es sehr schwer und schmerzhaft für Sie ist, sich diesen Themen zu stellen, dann schlage ich vor, daß Sie einen Psychotherapeuten zur weiteren Unterstützung hinzuziehen. Gewichtsabnahme allein kann Ihr Leben nicht ändern. Aber eine veränderte Wahrnehmung kann es.

Sich selbst kennenlernen

Wahrscheinlich lesen Sie dieses Buch, um den einen oder anderen Aspekt in Ihrem Leben zu optimieren. Wahrscheinlich wollen Sie körperliche Verände-

rungen vornehmen. Sie müssen wissen, daß dies von Ihnen erfordert, Ihr
Verhalten zu verändern – und zwar auf Dauer. Um das fertigzubringen, müssen Sie wissen, warum Sie sich so verhalten, wie Sie es tun. Sie müssen auch
wissen, warum Sie diese Veränderungen vornehmen wollen und ob Sie in der
Lage sind, Ihr Leben so anzupassen, daß Sie sie leben können. Sie können
nicht einfach eine Veränderung in Ihrem Leben vornehmen; es ist unerläßlich, daß Sie sich vorher selbst kennenlernen. Das klingt so selbstverständlich,
aber viele Leute nehmen sich niemals die Zeit, sich selbst kennenzulernen.

Die nachfolgend beschriebenen Techniken sollen Ihnen helfen, mehr über
sich selbst zu erfahren. Sie sind jedoch nur ein Anfang. Vergessen Sie nicht,
daß Selbst-Bewußtsein und Selbst-Annahme ein immerwährender, lebenslanger Prozeß sind. Es lohnt sich, diesen Weg einzuschlagen, aber es gibt
auch Rückschläge. Lernen Sie es, diese Reise zu genießen. Einigen von Ihnen
wird das relativ leichtfallen; für andere wird es äußerst schwierig. Aber ich
weiß, daß Sie es schaffen können.

Wenn ich sage, »lernen Sie sich kennen«, dann meine ich damit, daß Sie
sich die Zeit nehmen sollen, Ihre Stärken und Schwächen zu verstehen, Ihre
Motivationen, das, was Sie an sich selbst mögen und nicht mögen. Denken
Sie darüber nach, was Sie an sich selbst ändern können und was nicht, warum Sie sich in einer bestimmten Situation auf eine bestimmte Weise verhalten und ob Sie tief in Ihrem Innern das Gefühl haben, Ihr Leben selbst in der
Hand zu halten, oder ob Sie sich als Opfer äußerer Umstände fühlen. Was
erwarten Sie wirklich vom Leben, woran glauben Sie, was macht Sie glücklich, was stimmt Sie traurig, wie möchten Sie gerne sein? Oprah hat dafür
eine tolle Bezeichnung. Sie nennt es »sich häuten«. Genau das möchte ich
von Ihnen. Nehmen Sie sich die Zeit zu erkunden, wer Sie sind. Nehmen Sie
sich alle Zeit der Welt, aber lernen Sie sich selbst kennen!

Wie fangen Sie damit an? Sie werden ein Tagebuch oder wenigstens einen
Block brauchen. Zuerst lassen Sie Ihr Leben im Geiste Revue passieren. Fangen Sie mit Ihren ersten Erinnerungen an. Versuchen Sie, sich an so viele
wichtige Ereignisse wie möglich zu erinnern. Picken Sie die drei unerfreulichsten Vorkommnisse heraus, die Sie am liebsten ungeschehen machen
würden, und schreiben Sie sie auf. Versuchen Sie, folgende Fragen zu beantworten: Warum waren diese Ereignisse so unangenehm? Wie haben Sie reagiert? Warum haben Sie so reagiert? Wie hätten Sie gern reagiert? Wie würden Sie heute reagieren? Was hat sich verändert? Was haben Sie aus jedem
dieser Ereignisse gelernt? Wann haben Sie diese Dinge gelernt?

Jetzt rufen Sie sich die drei angenehmsten Ereignisse Ihres Lebens ins

Gedächtnis und schreiben sie auf. Was machte diese Ereignisse so angenehm? Wo waren Sie? Wer war bei Ihnen? Wie haben Sie reagiert? Wie würden Sie heute reagieren? Was haben sie aus diesen Ereignissen gelernt? Wann haben Sie es gelernt?

Sinn dieser Übung ist es, Sie dazu zu bringen, Ihre Vergangenheit zu erforschen. Es ist vielleicht nur ein Anfang, aber es ist wichtig, ihr Leben realistisch zu sehen und anzufangen, mehr über sich zu erfahren. Außerdem ist es wichtig zu verstehen, daß es einen Grund hat, wenn in Ihrem Leben etwas geschieht. Es ist ganz wichtig, daß Sie ehrlich zu sich selbst sind. Selbst-Bewußtsein heißt, daß man sich seinen Eigenschaften stellt, den guten wie den schlechten. Etwas zu leugnen ist ein Umweg, der ins Nichts führt. Und nun wollen wir uns in die Gegenwart begeben.

Beschreiben Sie sich selbst. Fangen Sie damit an, drei Dinge aufzuschreiben, die Ihnen an sich selbst am wenigsten gefallen. Sind es Dinge, die Sie ändern können? Haben Sie versucht, sie zu ändern? Wie haben sich diese Dinge auf Ihr Leben ausgewirkt? Während Sie darüber nachdenken, müssen Sie akzeptieren, daß es Dinge an Ihnen gibt, die Sie ändern können, und andere, die Sie nicht ändern können. Aber all diese Dinge erfüllen in Ihrem Leben einen Zweck. Jedes einzelne bietet Ihnen eine Möglichkeit, sich zu bessern.

Jetzt schreiben Sie die drei Dinge auf, die Ihnen an Ihnen am besten gefallen. Hatten Sie diese Eigenschaften schon immer? Warum mögen Sie sie? Wie hat sich jede einzelne dieser Eigenschaften auf Ihr Leben ausgewirkt? Werden Sie sich klar darüber, daß jeder einzelne dieser Aspekte in Ihrem Leben einen Zweck erfüllt. Jeder einzelne gibt Ihnen darüber hinaus Gelegenheit, besser zu werden.

Denken Sie immer daran, daß es eine lebenslange Aufgabe ist, sich selbst kennenzulernen. Nehmen Sie sich jede Woche oder sogar jeden Tag Zeit, um etwas an sich selbst zu entdecken. Vielleicht möchten Sie sich auch noch folgende Fragen stellen:

- Was macht Sie glücklich?
- Was macht Sie traurig?
- Welche Eigenschaften mögen Sie an anderen?
- Welche Eigenschaften an anderen hassen Sie?
- Sind Sie ein geduldiger Mensch?
- Sind Sie vorurteilsfrei?
- Was macht Ihnen Spaß?

• Was verursacht Ihnen Schmerzen?
• Woran glauben Sie?

Jetzt möchte ich, daß Sie sich körperlich einschätzen. Am besten tun Sie das vor einem Spiegel, bekleidet oder unbekleidet. Es geht nicht darum, Sie zu beschämen. Es geht darum, Ihnen einen wirklichen Ausgangspunkt zu liefern, von dem aus Sie arbeiten können. Sie müssen wissen, wo Sie stehen, um zu wissen, wohin Sie gehen.

Stellen Sie sich vor, Sie wären dicker, und dann, Sie wären dünner. Dann sprechen Sie folgende Worte: »Hier stehe ich heute. Ich könnte besser sein. Ich könnte schlechter sein. Das ist mein Leben.«

Das Bild, das Sie im Spiegel sehen, spiegelt nicht nur Ihre Essens- und Sportgewohnheiten wider. Es spiegelt Ihr Leben wider. Und Sie wissen, daß im Leben nichts bleibt, wie es ist. Mit Ihrem Körper ist es nicht anders. Er ändert sich ständig. Und Sie können jeden Tag entscheiden, ob Sie ihn verbessern oder zurückgleiten lassen wollen. Diese Übung sollte Ihnen auch klarmachen, daß Sie eine Wahl haben.

Sie sollten versuchen, so oft wie möglich etwas über sich selbst herauszufinden – wenn möglich, jeden Tag. Ihr Tagebuch ist hervorragend geeignet, die Ereignisse, Gefühle und Eindrücke festzuhalten, denen Sie sich jeden Tag gegenübersehen.

Verantwortung übernehmen

Bei der Arbeit mit Menschen, die abnehmen wollen, stelle ich immer wieder fest, daß meine Klienten eine gemeinsame Philosophie vertreten. Für gewöhnlich haben sie Gründe für ihr Übergewicht: eine unglückliche Kindheit, eine schlechte Ehe, einen Beruf, der sie nicht erfüllt, irgendein schreckliches Ereignis, oder es gibt einen Menschen, der ihnen Kummer macht. Ihre Gründe waren immer äußerlich. Irgend etwas oder irgend jemand erlaubte es ihnen, jemand anderem die Schuld zu geben, nur niemals sich selbst.

Mir fiel außerdem auf, daß die Menschen, die erfolgreich und dauerhaft abgenommen hatten, auf die äußerlichen Gründe für ihr Übergewicht verzichtet hatten. Sie akzeptierten die Verantwortung für sich. Letztendlich ist es doch so, daß Sie und nur Sie allein für sich verantwortlich sind, auch wenn es Ihnen im Augenblick vielleicht nicht bewußt ist und diese Vorstellung Ihnen anfangs schmerzlich erscheint.

Die Seele ißt mit

Sie schaffen all das, was Sie sind. Wir alle haben Erfahrungen gemacht – viele davon in der Kindheit –, die schmerzlich für uns waren. Aber als Erwachsene haben wir die Kraft, mit diesen Vorkommnissen fertig zu werden. Es ist ganz wichtig, daß Sie die Verantwortung für sich übernehmen. Die Verantwortung für alles, was Sie sind – und für alles, was Sie werden können.

Es gibt vielleicht Menschen, denen wir die Schuld daran geben, daß wir uns auf eine bestimmte Art verhalten. Ich will damit nicht sagen, daß es richtig war, was diese Menschen getan haben. Sie müssen auch Verantwortung übernehmen. Aber mir geht es hier mehr darum, daß Sie die Verantwortung für Ihr eigenes Leben übernehmen. Und das heißt, daß Sie für sich selbst sorgen. Anderen Menschen oder Ereignissen die Schuld zu geben ist Zeitverschwendung. Sie müssen sich klar darüber werden, daß es leichter ist, irgend etwas oder irgend jemandem die Schuld an Dingen zu geben, die Sie an sich selbst nicht leiden können. Aber auf dem Weg zur Selbstakzeptanz ist das ein Umweg, den Sie sich nicht leisten können. Erst wenn Sie die volle Verantwortung für sich selbst und Ihre Lage übernehmen, können Sie anfangen, sich selbst zu akzeptieren. Und vergessen Sie nicht: Wenn Sie sich selbst akzeptieren, werden Sie sich bald auch selbst lieben.

Wenn Sie das Konzept erst einmal verstanden und die Verantwortung für Ihr Leben übernommen haben, dann wird es Zeit herauszufinden, was Sie wirklich wollen – in bezug auf Ihren Körper, Ihren Geist und Ihre Seele!

Wissen, was Sie wollen

Wenn wir nicht wissen, was wir wollen, ähneln wir einem schwebenden Ballon. Unser Leben ist Kräften unterworfen, die von außen auf uns einwirken. Aber es genügt nicht zu wissen, was wir wollen: Wir müssen auch sicher sein zu wissen, *warum* wir etwas wollen. Es ist wichtig, daß Sie ganz genau wissen, warum Sie abnehmen wollen.

Der häufigste Grund, den Menschen dabei angeben, ist die Vorstellung, daß sich ihr Leben dadurch radikal ändern wird. Aber der Gewichtsverlust allein wird ihr Leben nicht ändern. Ich wiederhole, er wird es nicht! Sehen Sie, die meisten Menschen, die abnehmen, glauben, daß ihr Leben problemlos und schön sein wird, sobald sie ein bestimmtes Gewicht oder eine bestimmte Kleidergröße erreicht haben. Doch wenn sie dieses Gewicht erreichen oder ihm nahe sind, erkennen sie plötzlich, daß sie noch immer unglücklich sind. Ihr Kummer löst die alten Verhaltensmechanismen aus.

Und das wiederum führt dazu, daß sie wieder zunehmen. Leider ist dies ein ganz typischer Teufelskreis.

Ich kann es gar nicht oft genug wiederholen: Ihr Übergewicht ist ein Symptom für etwas anderes, vielleicht für viele Dinge in Ihrem Leben. Sie müssen verstehen lernen, was Ihr Gewicht repräsentiert. Vielleicht steht es für eine Leere in Ihrem Leben, vielleicht wollen Sie andere Menschen nicht im Stich lassen, oder Sie sind mit sich selbst nicht glücklich oder mit Ihrem Leben. Es kann für viele verschiedene Dinge stehen. Aber letztendlich hat es damit zu tun, daß Sie nicht genug Liebe bekommen. Und wenn das der Fall ist, ist man für gewöhnlich beständig auf der Suche nach Liebe von außen. Das Geheimnis liegt jedoch darin, daß Liebe zuallererst aus Ihnen selbst kommen muß.

Sandra suchte Liebe. Sie dachte immer, sie könnte sie in ihrer Ehe finden. Als das nicht der Fall war und sie erkannte, daß sie in ihrer Ehe unglücklich war, fing sie an zuzunehmen. Erst als sie lernte, sich selbst zu lieben, nahm sie ab, und ihr Leben änderte sich.

Es dauert, bis man lernt, sich selbst zu lieben. Manche Menschen lernen es nie. Aber genau das ist Ihr Ziel. Es wird nicht über Nacht passieren. Sie wissen, daß Sie Ihrem Ziel näher gekommen sind, wenn Sie sich eines Tages gründlich mustern und feststellen, daß Sie sich gefallen, obwohl Sie eigentlich gern schlanker wären. Aber um an diesen Punkt zu gelangen, müssen Sie sich erst einmal selbst kennenlernen. Dann müssen Sie die Verantwortung für sich selbst übernehmen. Und schließlich müssen Sie wissen, was Sie wollen. Danach müssen Sie auf Ihre Ziele hinarbeiten.

Wenn Sie einen neuen Körper haben wollen, werden Sie feststellen, daß der Weg dahin eine prächtige Möglichkeit ist, sich selbst lieben zu lernen. Das liegt daran, daß es etwas ist, was Sie für sich selbst tun. Sie tun es, weil Sie sich selbst mögen. Und Ihre harte Arbeit setzt einen Kreislauf in Gang: Sie fühlen sich körperlich und seelisch besser.

Lassen Sie uns zuerst etwas darüber lernen, wie Ihr Körper arbeitet. Das ist wichtig, um die Schritte zu verstehen und auszuführen. Sie müssen ganz sicher sein, daß Sie diese grundlegenden Tatsachen verstanden haben, ehe Sie weiterlesen.

Wozu Fett gut ist

Wozu Fett gut ist

Wenn der Häuptling des Stammes der Xhosa in Afrika bereit ist, sich zu vermählen, sucht er sich die dickste Frau. Und wenn sie verheiratet sind, muß er ein Leben führen, bei dem seine Frau dick und glücklich bleiben kann. In ihrer Kultur ist Dick das Optimum. In unserer Kultur ist das Gegenteil der Fall: Man kann gar nicht dünn genug sein.

Aber selbst hier haben wir im Laufe der Jahrzehnte unterschiedliche Schönheitsvorstellungen gepflegt. In den 40er und 50er Jahren wurde das weibliche Schönheitsideal beispielsweise von vollbusigen Frauen wie Rita Hayworth und Jane Russell verkörpert. Und sogar in den 60er Jahren beteten wir noch Marilyn Monroe an. Bis Twiggy kam. Sie sehen, wenn es um Figurprobleme geht, zielt es meist auf Frauen ab, aber in den letzten Jahren sind immer mehr Männer davon betroffen. Überall erhalten wir Botschaften, wie wir aussehen sollten, von Film und Fernsehen bis zur Werbung. Und viele von uns sind dadurch verwirrt und unglücklich mit unseren Körpern.

Deshalb ist es so wichtig, daß wir nicht mehr so sehr darauf achten, was uns andere über unseren Körper erzählen. Statt dessen sollten wir uns darauf konzentrieren, was für uns am gesündesten ist – sowohl körperlich als auch seelisch.

Tatsächlich müssen wir alle ein gewisses Maß an Körperfett aufweisen, um am Leben zu bleiben. Und Körperfett ist nichts anderes als gespeicherte Energie. (Wenn Sie viel Körperfett angesetzt haben, sehen Sie sich als einen Menschen, der viel Energie oder Treibstoff in Reserve hat. Unser Ziel ist es nun, die Menge an Treibstoff im Tank zu reduzieren.) Fett spielt mehrere wichtige Rollen bei der Funktion unseres Körpers. Es dient als Schutzpolster für unsere Organe, isoliert gegen die Kälte und bietet uns ein relativ großes Lager potentieller Energie.

Da überrascht es nicht, daß unser Körper über enorme Kapazitäten verfügt, was die Ablagerung von Fett betrifft. Vor Tausenden von Jahren, zur Zeit der Hungersnöte, waren wir Jäger und Sammler. In jenen Zeiten, als Nahrung rar war, stellte die Fähigkeit, Essen als Fett anzusetzen, einen wertvollen Überlebensmechanismus dar. Doch nach der Revolution der Landwirtschaft, in Zeiten, in denen es ausreichend zu essen gibt und wir weniger hart dafür arbeiten müssen, zeigt sich das als überschüssiges Gewicht. Heute, an der Schwelle zum 21. Jahrhundert, hat die Fettleibigkeit den höchsten Stand aller Zeiten erreicht. Der Bevölkerung der meisten Industriestaaten steht Nahrung in Hülle und Fülle und ausgesprochen kalorienreich zur Verfügung. Und wir müssen kaum arbeiten, um sie zu bekommen. Das führt dazu, daß viele Menschen Übergewicht haben.

Wieviel Körperfett brauchen wir also? Mindestens drei Prozent Ihres Körpergewichts müssen aus Fett bestehen, damit das Leben weitergehen kann. Doch diese niedrigen Fettwerte sieht man normalerweise nicht, außer bei durchtrainierten Sportlern, wie Langstreckenläufern, Skilangläufern oder Bodybuildern. In der Regel empfehle ich einen Durchschnittswert von 15 bis 25 Prozent bei Frauen und acht bis 15 Prozent bei Männern. Mit anderen Worten, eine Frau, die 130 Pfund wiegt, sollte zwischen 26 und 33 Pfund Körperfett auf die Waage bringen.

130 Pfund Körpergewicht x 20 Prozent = 26 Pfund Körperfett
130 Pfund Körpergewicht x 25 Prozent = 33 Pfund Körperfett

Es gibt verschiedene Methoden, um die Menge des Körperfetts zu testen, wie beispielsweise das Messen der Hautfalten (Kneiftest) oder das Wiegen unter Wasser. Wenn die Hautfalten gemessen werden, kneift man die Haut an verschiedenen Stellen des Körpers zusammen und mißt die Tiefe. Diese Messungen werden sodann addiert, und man erhält den Prozentsatz von Körperfett, basierend auf dem Gesamtergebnis der Messungen. Das Wiegen unter Wasser gilt als genaueste Art, den Prozentsatz an Körperfett zu berechnen. Ich muß dazu allerdings sagen, daß es nur sehr wenige Laboratorien gibt, in denen man genau weiß, wie dieser Test durchzuführen ist. Vereinfacht ausgedrückt, werden Sie an eine Federwaage gehängt, in Wasser getaucht und gewogen, während Sie vollständig untergetaucht sind. Damit der Test genau ist, muß dann Ihr Verdrängungsgewicht errechnet werden. Hautfaltenmessungen werden routinemäßig in fast allen Gesundheits-/Sportclubs und Fitneßzentren durchgeführt. Das Wiegen unter Wasser wird am besten in speziellen Laboratorien angeboten, die meistens Universitäten angeschlossen sind. Einige Gesundheitszentren bieten diese Methode ebenfalls an. Ihnen fehlt jedoch meistens die erforderliche Ausstattung und das hierfür ausgebildete Personal, so daß eine derartige Messung selten akkurat durchgeführt werden kann.

Ich muß zugeben, daß die meisten Fitneß-Profis gerne das Körperfett messen und Ihnen deshalb dazu raten werden. Wenn Sie jedoch kein durchtrainierter Sportler oder nicht ausgesprochen interessiert an diesen Messungen sind, würde ich Ihnen davon abraten. Zum einen sind diese Tests ziemlich ungenau, wenn sie nicht von einem wirklich tüchtigen Techniker durchgeführt werden. Zum anderen, und das ist noch wichtiger: Wenn Sie versuchen, Ihr Leben zu ändern und sich in und mit Ihrem Körper wohl zu fühlen, ist es das letzte, was Sie brauchen, daß jemand Ihr Fett zusammenkneift oder Sie unter Wasser taucht, während Sie an einer Waage hängen!

Aber wie bestimmen Sie nun Ihr Zielgewicht? Es scheint so, als kämen jedes Jahr neue Geräte oder Skalen auf den Markt, die uns verraten, wieviel wir wiegen sollen oder wie groß der Prozentsatz an Körperfett sein sollte. Jeder Experte hat seine Meinung dazu, wieviel Sie wiegen sollten. Meine Meinung hierzu habe ich Ihnen mitgeteilt, als ich Ihnen die Spanne der Prozentsätze von Körperfett für Männer und Frauen angegeben habe. Aber es handelt sich hier nur um Richtwerte. Ich bin der Meinung, Sie sollten sich danach richten, wie Sie sich fühlen und wie Ihre Kleider passen. Das klingt unwissenschaftlich? Nun, es ist ja auch unwissenschaftlich! Geben wir es doch zu: In diesem Augenblick haben Sie eine genaue Vorstellung davon, was Sie wiegen möchten oder welche Kleidergröße Ihnen passen soll. Die meisten Menschen wissen instinktiv, mit welchem Gewicht sie am besten aussehen und sich am besten fühlen. Wenn ich mit einem Kunden arbeite, sagt dieser mir wieder und wieder, welches Gewicht er erreichen möchte. Dieses Gewicht liegt fast immer innerhalb der Spanne, die ich empfehlen würde, und ist fast immer realistisch und erreichbar. Ich rate auch davon ab, daß Sie sich zu sehr auf dieses Ziel festlegen. Konzentrieren Sie sich lieber darauf, sich heute wohl zu fühlen und sich mit den Schritten wohl zu fühlen, die Sie heute machen, um dieses Ziel zu erreichen. Sie selbst sollten entscheiden, wieviel sie abnehmen wollen, nicht irgend jemand sonst!

Körperfett, das über die idealen Prozentsätze hinausreicht, kann emotionalen Streß für Sie bedeuten, kann dazu führen, daß Sie ein schlechtes Bild von Ihrem Körper bekommen, und eine Vielzahl von Krankheiten verursachen, darunter Bluthochdruck und Krebs. Es ist Zeit und Mühe wert, sich einen gesunden Lebenswandel anzueignen. Die Lösung liegt natürlich darin, seine Essensgewohnheiten zu ändern und sich ausreichend zu bewegen. Mehr darüber später. Jetzt wollen wir erst einmal angucken, wie der Körper Fett ablagert und freisetzt.

Über Gewicht

Über Gewicht

Moment. Ich weiß genau, was Sie jetzt denken. Sie haben die Überschrift gesehen und wollen das Kapitel überspringen, weil es theoretisch wird. Tun Sie's nicht! Ich werde es ganz leichtmachen. Diese Informationen werden Ihnen helfen, Ihren Körper zu verstehen und zu erkennen, wie Sie Ihr Leben ändern können, um abzunehmen. Ich glaube, daß Ihnen die zehn Schritte begreiflicher werden, wenn Sie diese Grundgedanken verstanden haben.

Ihr Körper reguliert alles, vom Wasserhaushalt über die Elektrolyte bis hin zur Körpertemperatur. Und natürlich auch die Fettabspeicherung. Ihr Körper hat einen »Fixpunkt« (Set-point), der kontrolliert, wieviel Fett Ihr Körper lagert. Ist Ihnen gelegentlich schon aufgefallen, daß Sie zuviel essen können und daß Ihr Gewicht daraufhin ansteigt, aber nur innerhalb einer gewissen Grenze? Dasselbe gilt, wenn Sie zuwenig essen, also zum Beispiel eine strenge Diät einhalten. Sie werden Gewicht verlieren, aber auch das nur bis zu einem gewissen Punkt.

Mehr noch: Wenn Sie Diät halten, vor allem eine sehr strenge, werden Sie nur verhältnismäßig wenig Fett abbauen, bevor der eingebaute »Fettschutzmechanismus« Ihres Körpers anspringt. Danach bauen Sie Protein (Muskelgewebe) und Wasser ab. Sehen Sie, Ihr Körper spürt sehr genau, wie viele Kalorien Sie ihm zuführen. Führen Sie ihm eine Menge Kalorien zu, lagert er einige davon als Fett ab, zieht dann ein paar heran, um den Stoffwechsel anzukurbeln, und verbrennt den Rest. Führen Sie Ihrem Körper nun zu wenige Kalorien zu, verlangsamt sich der Stoffwechsel, was verhindert, daß Fett verlorengeht, während gleichzeitig Muskeln abgebaut werden. Genau das hat Oprah erlebt, als sie gefastet hat. Sie hat Muskelgewebe abgebaut, ihr Stoffwechsel verlangsamte sich, und dadurch wurde es fast unmöglich, ihr niedriges Gewicht zu halten. Muskeln verbrennen Fett. Sie wollen also ganz bestimmt kein Muskelgewebe verlieren. Dies ist nur einer der Gründe dafür, daß Diäten auf lange Sicht nicht funktionieren.

Lassen Sie mich das genauer erklären. Das Beispiel hat gezeigt, wie Sie durch eine Diät Gewicht – nicht Fett – abbauen. Nun stellen Sie sich vor, Ihr Körper wäre aus zwei Komponenten gemacht: aus Fett und aus einer mageren Masse. Damit meine ich Muskeln, Knochen, Wasser und Bindegewebe. Wenn Sie abnehmen, können Sie Fett oder Magermasse verlieren oder eine Kombination aus beidem. Ihr Ziel sollte in erster Linie darin bestehen, Fett abzubauen, während Sie die Magermasse erhalten oder vergrößern. Dies wird Ihnen gelingen, wenn Sie sich an mein Programm halten.

Noch etwas, um jegliche Verwirrung aus der Welt zu schaffen: Ich benutze die Worte »Gewicht« und »Fett« manchmal synonym. Wenn ich von

Gewichtsverlust spreche, meine ich eigentlich den Abbau von Körperfett. Die zehn in diesem Buch aufgeführten Schritte stellen in Wirklichkeit ein Fettreduktionsprogramm dar.

Was nun die Kalorien angeht, so glaube ich nicht, daß es viel Sinn hat, sie stur zu zählen. Wie ich bereits erklärt habe, tun Sie besser daran, Ihre Kalorienzufuhr nicht allzusehr einzuschränken. Trotzdem werde ich in diesem Buch hin und wieder ein bestimmtes Nahrungsmittel oder einen Snack mit Kalorienangaben versehen, damit Sie den Energiewert der einzelnen Nahrungsmittel besser verstehen.

Der Set-point

Erinnern Sie sich: Ihr Set-point reguliert die Fettmenge, die Ihr Körper speichert. Sie fragen sich vielleicht: »Warum soll ich mein Leben ändern, wenn mein Körperfett sowieso von diesem Set-point bestimmt wird?« Nun, er kann sich ändern. Dieses Buch wird Ihnen zeigen, wie Sie Ihren Set-point herabsetzen können. Aber zuerst sollen Sie mehr darüber erfahren.

Ihr Set-point wird von verschiedenen genetischen Faktoren bestimmt, die nicht variabel sind, aber auch vom Stoffwechsel, der sehr wohl beeinflußt werden kann. Mit Stoffwechsel bezeichnen wir die Geschwindigkeit, mit der Ihr Körper Kalorien verbrennt. Dieses ganze Buch dreht sich darum, Ihren Stoffwechsel zu verändern. Er ist der Schlüssel zu Ihrem neuen Körper.

Stellen Sie sich Ihren Körper als eine Art Thermostat vor, der nach oben oder unten gedreht werden kann, indem man bestimmte Faktoren beeinflußt. Wenn Sie den Thermostaten nach oben drehen, wird Ihr Stoffwechsel beschleunigt, und dies senkt Ihren Set-point, was es Ihnen ermöglicht, Fett freizusetzen. Andersherum: Wenn Sie Ihren Thermostaten nach unten schrauben, verlangsamen Sie Ihren Stoffwechsel und halten an Ihrem Körperfett fest. Mein Ziel ist es nun, Ihnen mehr Kontrolle über den Thermostaten zu verleihen.

Unser Hauptaugenmerk muß also dem Stoffwechsel oder Metabolismus gelten. Die in diesem Buch vorgestellten Konzepte werden Ihnen helfen, Ihren Stoffwechsel zu beschleunigen, Ihren Set-point herabzusetzen und dadurch die Menge an Körperfett zu reduzieren, die Sie speichern. Wir werden uns den zehn Schritten, die dazu führen, bald zuwenden. Zuerst jedoch müssen Sie drei einfache Konzepte verstehen: den Stoffwechselzyklus von 24 Stunden, das Gewicht des Wassers und wie und warum es dazu kommt, daß Ihr Gewicht stagniert.

Der Stoffwechselzyklus über 24 Stunden

Ihr Stoffwechsel verändert sich nicht nur auf lange Sicht, er ändert sich täglich. Jeden Tag folgt Ihr Metabolismus einem voraussehbaren Muster. Kurz vor dem Aufwachen hat Ihr Stoffwechsel seinen Tiefpunkt erreicht. Auch er muß aufwachen! Im Laufe des Tages beschleunigt sich Ihr Stoffwechsel langsam, bis er irgendwann nach dem Abendessen seinen Höchststand erreicht, auf dem er verweilt. Wenn Sie zu Bett gehen, verlangsamt sich Ihr Stoffwechsel allmählich, bis er seinen Tiefstand erreicht, kurz bevor Sie aufwachen. Dann fängt der Kreislauf von neuem an.

Sie können Ihren 24-Stunden-Zyklus durch Ernährung und Bewegung so beeinflussen, daß Ihr Stoffwechsel jeden Tag beschleunigt wird. Vergessen Sie

Stoffwechsel ohne Bewegung

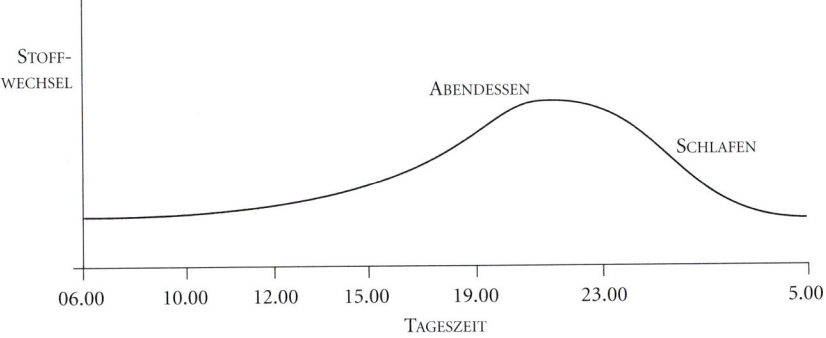

nicht, daß mit Stoffwechsel die Geschwindigkeit gemeint ist, mit der Ihr Körper Kalorien verbrennt. Der Stoffwechsel wird während und nach sportlicher Betätigung beschleunigt, aber ironischerweise auch nach dem Essen. (Erinnern Sie sich, daß ich Ihnen bereits erklärt habe, daß Ihr Stoffwechsel mit Beschleunigung reagiert, wenn Sie Ihrem Körper Kalorien zuführen.) Das heißt, wenn Sie kurz nach dem Aufwachen essen und sich bewegen, geben Sie Ihrem Stoffwechsel einen »Schubs«, und er wird längere Zeit beschleunigt sein. Das ist nur einer der Gründe dafür, daß ich Frühsport ebenso befürworte wie die Tatsache, die meisten Kalorien früh am Tage zu sich zu nehmen.

Stoffwechsel mit Bewegung

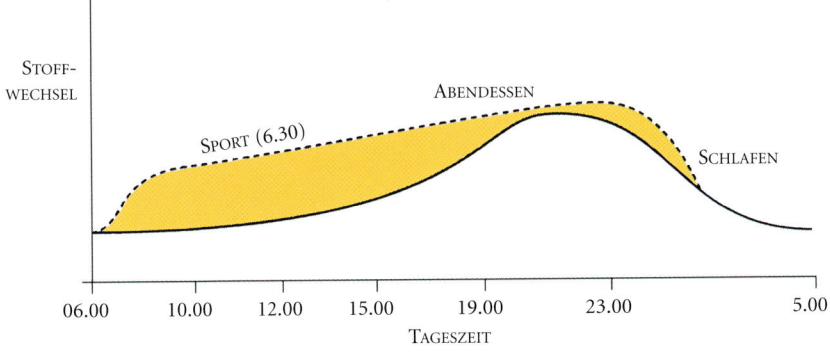

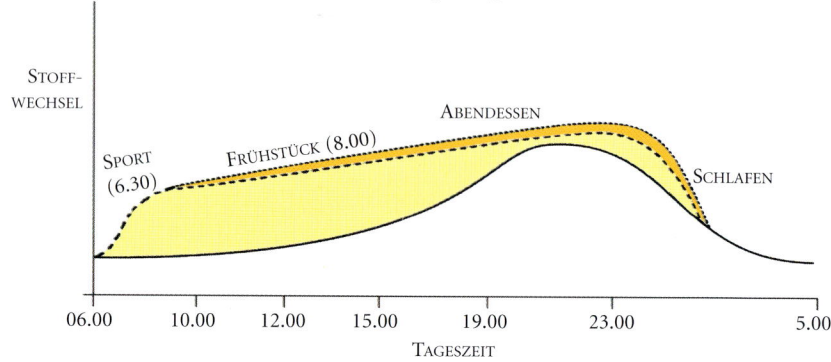

Stoffwechsel mit Bewegung und Frühstück

STOFF-
WECHSEL

SPORT (6.30) FRÜHSTÜCK (8.00) ABENDESSEN SCHLAFEN

06.00 10.00 12.00 15.00 19.00 23.00 5.00

TAGESZEIT

Gewicht des Wassers

Wenn Sie sich an die zehn in diesem Buch vorgestellten Schritte halten, werden Sie Gewicht verlieren – in erster Linie Fett. Es gibt jedoch auch Zeiten – auf täglicher, wöchentlicher und monatlicher Basis –, in denen Ihr Körper Wasser speichert (und auch freigibt). Viele Menschen haben ihr Abmagerungsprogramm wegen dieser kleinen, häßlichen Sprünge in ihrem Gewicht aufgegeben, die auf Wasserspeicherung zurückzuführen sind. Diese Gewichtssteigerung ist von Mensch zu Mensch verschieden und kann bis zu sieben oder sogar acht Pfund ausmachen. Dieses Gewicht sieht man Ihnen jedoch nicht an; Sie sollten es deshalb ignorieren. Es ist nur vorübergehend. Tatsächlich geht diese Zunahme an Wassergewicht häufig einer tatsächlichen Abnahme voraus. Ich kann nur nochmals wiederholen: Befolgen Sie die zehn Schritte, und kümmern Sie sich nicht um diese geringfügigen Gewichtsschwankungen.

Abgesehen von den natürlichen Schwankungen im Wasserhaushalt sendet Ihr Körper ein Signal aus, mehr Flüssigkeit zu speichern, wenn Sie anfangen, regelmäßig Sport zu treiben oder aber mehr Sport als bisher. Dadurch versucht sich Ihr Körper selbst optimal mit Wasser zu versorgen. Deshalb kann es sein, daß sie zwei bis fünf Pfund an Wassergewicht zunehmen. Das kann besonders in den ersten Wochen ihres Übungsprogramms lästig sein, und Sie glauben vielleicht sogar, Sie hätten zugenommen, obwohl Sie tatsächlich Fett verloren haben. Auch hier gilt: Kümmern Sie sich nicht darum! Rechnen Sie damit. Aber behalten Sie Ihr Programm bei!

Ich werde nie vergessen, wie Oprah in der vierten Woche ihres Programms

kurz davorstand, aufzugeben und mich meines Wegs zu schicken. Sie hatte bis zu diesem Zeitpunkt knapp fünf Pfund abgenommen, aber als sie in dieser Woche auf die Waage stieg, zeigte diese an, daß sie besagte fünf Pfund wieder zugelegt hatte – und noch eines mehr! Sie war entsetzt. Sie hatte sich strikt an den Plan gehalten und trotzdem zugenommen. »Was ist schiefgegangen?« wollte sie von mir wissen. Ich erklärte ihr ganz ruhig, sie solle sich keine Sorgen machen, ihr Körper hätte einfach nur Flüssigkeit gespeichert. Nun, sie hat mir nicht geglaubt. Sie dachte sogar daran, etwas von dieser Diätnahrung zu sich zu nehmen, die sie noch von einem früheren Versuch übrighatte. Es gelang mir jedoch, ihr das auszureden, und irgendwie fand sie

Über Gewicht

die Kraft, mit dem Programm weiterzumachen. Und das, obwohl ich weiß, daß sie mir immer noch nicht glaubte. Nachdem sie in der folgenden Woche auf der Waage gestanden hatte, erklärte sie mir, ich könne meine Sachen wieder auspacken. Die Waage zeigte, daß sie nicht nur die sechs Pfund aus der Vorwoche wieder abgenommen hatte, sondern noch zwei weitere.

Also geben Sie nicht gleich auf, wenn die Waage Ihnen etwas zeigt, was Ihnen nicht gefällt. Gerade wenn es nur langsam oder überhaupt nicht vorangeht, müssen Sie am stärksten sein.

Zu guter Letzt muß ich Ihnen zum verborgenen Wassergewicht noch folgendes sagen: Wenn Sie aktiver werden, bauen Sie auch Muskelgewebe auf, und darin sammelt sich noch zusätzliche Flüssigkeit. Dieses zusätzliche Gewicht sind »gute« Pfunde, denn sie helfen Ihnen, Fett zu verbrennen. Glauben Sie jetzt nur nicht, Sie werden durch den Sport zum Muskelpaket. Dem ist nicht so! Das bißchen zusätzliche Muskelgewicht ist normal und sogar ein gutes Zeichen.

Das erinnert mich an eine andere Geschichte, die sich ganz früh in meiner Karriere zugetragen hat. Ich unterrichtete damals Sport und Gewichtreduktion, und mein Kurs ging in die vierte Woche. Am Ende der Stunde kam eine meiner ehrgeizigsten Teilnehmerinnen zu mir. Sie schien äußerst frustriert. »Ich arbeite härter als alle anderen in der Gruppe, aber nach all der Zeit habe ich sogar zwei Pfund zugenommen!« klagte sie. Ich wußte, daß sie nicht nur Fett verloren, sondern auch Muskeln aufgebaut hatte und wahrscheinlich eine Menge Wasser speicherte. Dann fiel mir auf, daß sie ihre Trainingshose hochhielt. Vor nur drei Wochen hatte diese noch eng gesessen. Ich wies sie darauf hin, und wir mußten beide herzhaft lachen.

Passen Sie nur auf, daß Sie Ihre Stimmung nicht von der Waage abhängig machen. Das kann leicht zu falschen Eindrücken führen, weil das Gewicht so vielen Schwankungen unterworfen ist. Aber die Waage kann Ihnen auch nützliche Informationen liefern, solange Sie das Konzept verstehen, das ich gerade beschrieben habe. Ich rate Ihnen, sich nicht öfter als einmal pro Woche zu wiegen. Günstig hierfür ist der Montag, denn das hindert Sie daran, am Wochenende vom Programm abzuweichen. Und achten Sie sorgfältig darauf, sich immer unter den gleichen Voraussetzungen zu wiegen. Benutzen Sie dieselbe Waage. Wiegen Sie sich zur selben Zeit am Morgen. Und ob Sie sich nun mit oder ohne Kleidung wiegen, Sie sollten es immer auf dieselbe Art tun.

Lassen Sie nochmals gesagt sein, daß Ihr Körper Veränderungen durchmacht, die Sie nicht immer verstehen werden. Machen Sie sich wegen zeitweiliger Auf- und Abbewegungen Ihres Gewichts keine Gedanken. Treten Sie einfach zurück, konzentrieren Sie sich darauf, sich besser zu fühlen, und vor allem: Halten Sie sich an Ihr Programm. Befolgen Sie die zehn Schritte, und Sie *werden* abnehmen!

Wenn Ihr Gewicht stagniert

Ein Plateau wird erreicht, wenn Ihr Gewicht für einige Zeit gleichbleibt. Dabei kann es sich um Wochen oder sogar Monate handeln. Bei fast jedem

Über Gewicht

erfolgreichen Abnahmeprogramm müssen Sie damit rechnen, daß Ihr Gewicht ein solches Plateau erreicht – wahrscheinlich sogar mehrmals. Zu Plateaus kommt es aus verschiedenen Gründen, und alle sind ganz normal.

Einer der häufigsten Gründe für ein solches Plateau ist die natürliche Anpassung an den Gewichtsverlust. Ihr Körper muß sich anpassen, wenn Sie abnehmen, und er wird sein Gewicht nur abwerfen, wenn er bereit dazu ist. Sie müssen sich klar darüber sein, daß es praktisch unmöglich ist, mehr als drei Pfund Fett in einer Woche abzunehmen. Wenn Sie mehr als drei Pfund pro Woche abnehmen, bauen Sie entweder Wasser oder Muskel-/Magermasse ab; und das ist – wie Sie wissen – nicht das, was wir wollen.

Gehen Sie zu Ihrem Metzger und lassen Sie sich drei Pfund Fett zeigen. Sie werden sehen, daß es sich hierbei um ein gehöriges Volumen handelt, und Ihr Körper muß diesen Verlust durch äußere Anpassungen ausgleichen. Bis heute wissen wir noch nicht alles, was man über diese Anpassungen wissen müßte, aber wir können sicher sein, daß sie einen Sinn haben. Die durch diese natürlichen Anpassungen hervorgerufenen Plateaus halten für gewöhnlich zwei bis drei Wochen an, können sich aber bis auf ein, zwei Monate ausdehnen. Verlieren Sie also nicht die Geduld, und halten Sie sich weiterhin an Ihr Programm!

Ein anderer Grund für derartige Plateaus ist das Speichern von Flüssigkeit. Wie ich bereits erwähnte, kann Wasser aus mehreren Gründen gespeichert werden. Dieses zusätzliche Wassergewicht kann den Eindruck erwecken, Sie würden zunehmen oder hätten ein Plateau erreicht – selbst dann noch, wenn Sie Fett abbauen. Die durch diese Wasserspeicherung hervorgerufenen Plateaus halten für gewöhnlich drei Tage bis zu einer Woche an. Aber auch hier ist es wichtig, daß Sie sich klarmachen, daß es sich um eine vorübergehende Schwankung Ihres Gewichts handelt, die keinen Grund zur Sorge birgt.

Nachdem ich ungefähr sechs Monate mit Oprah gearbeitet hatte, erkannte ich, daß sie immer über die drei oder vier Pfund jammern würde, die sie jeden Monat zur selben Zeit ansetzte. Dies hing mit ihrem Menstruationszyklus zusammen, und natürlich nahm sie diese zusätzlichen Pfunde innerhalb weniger Tage wieder ab. Schließlich fragte ich sie: »Ist dir eigentlich klar, daß du jedesmal, jeden Monat wieder, über dieselben vier Pfund jammerst und daß du das seit sechs Monaten machst?« Sie antwortete: »Ich schätze, du hast recht. Aber es beunruhigt mich immer noch.« Möglicherweise beunruhigen diese Schwankungen auch Sie, aber sie sind ganz natürlich. Lassen Sie sich davon nicht auf Abwege bringen!

Wenn Sie sich nicht genau an Ihr Programm halten, kann das auch Pla-

teaus nach sich ziehen. Nehmen wir einmal an, Sie hätten alle zehn Schritte gehorsam befolgt und hätten regelmäßig abgenommen. Jetzt haben Sie eine Woche, in der Sie sich ungesund ernähren und/oder nicht richtig Sport treiben. Vielleicht nehmen Sie dadurch wieder zu, vielleicht auch nicht, auf jeden Fall könnte es leicht mit einem langanhaltenden Plateau enden. Diese Art von Plateau kann so lange dauern, wie Sie sich nicht an Ihr Programm halten. Ich rate Ihnen zu folgender Einstellung: Ja, ich bin von meinem Programm abgewichen, aber jeder rutscht von Zeit zu Zeit mal aus. Ich gehe gleich wieder an die Arbeit und bezahle den Preis für diese Woche.

Vergessen Sie nicht, daß sich ein schlechter Tag oder eine schlechte Woche nicht sofort auf der Waage zeigen muß. Aber bilden Sie sich nur nicht ein, Sie wären noch einmal so davongekommen, denn irgendwann zeigt es sich immer. Deshalb ist es so wichtig, sofort wieder streng nach dem Programm zu leben, sobald Sie davon abgewichen sind. Geben Sie nie auf.

Schließlich und endlich gibt es noch »permanente« Plateaus. Mit »permanent« meine ich nicht, daß es nichts gibt, womit man sie durchbrechen könnte. Aber unter Einbeziehung Ihrer derzeitigen Ernährungsweise, ihres Sports und ihrer genetischen Voraussetzungen hat sich Ihr Gewicht auf diesen neuen Set-point »eingestellt«. Jetzt haben Sie die Wahl. Sie können dieses Gewicht halten, indem Sie Ihre Ernährungsgewohnheiten und Ihr Sportprogramm beibehalten. Oder Sie können jeden einzelnen der zehn Schritte dieses Programms nochmals studieren und anfangen, einen oder mehrere davon zu variieren, wenn Sie noch weiter abnehmen wollen. Wenn Sie verstehen, was es mit der Physik des Gewichtsverlusts auf sich hat, vor allem, was den Set-point und den Stoffwechsel angeht, und wenn Sie dann die in diesem Buch aufgeführten Schritte befolgen und abändern, können Sie für alle Zeit die Kontrolle über Ihr Gewicht bekommen.

Jetzt wird es Zeit, die Schritte zu lernen. Vor Ihnen liegt ein höchst wirksames Abmagerungsprogramm. Lassen Sie sich nicht einschüchtern. Ich verspreche Ihnen, daß Sie einen besseren Körper und ein verbessertes Selbstbild bekommen, wenn Sie verstehen, wie Ihr Körper funktioniert, und die zehn in diesem Buch beschriebenen Schritte befolgen. Glauben Sie nur ja nicht, es wäre leicht, bis ans Ende Ihres Lebens Tag für Tag alle zehn Schritte zu befolgen. Das ist es nämlich nicht. Aber jedes Ziel, das zu erreichen sich lohnt, erfordert harte Arbeit.

Sie stehen kurz vor dem Beginn einer Reise, die die zehn Schritte dauerhaft in Ihr Leben integrieren wird. Beachten Sie, daß positive Veränderungen in Ihrem Leben sehr wohl mit Ihrem neuen Lebenswandel zusammenhängen können.

Viel Glück, und auf geht's!

Die zehn Schritte

Die zehn Schritte

Nachdem ich unendlich viele Diäten ausprobiert habe, habe ich kapiert, daß wir dazu neigen, die Antwort außerhalb unseres Körpers zu suchen, wenn wir abnehmen wollen. Wir wollen eine magische Lösung – eine Zauberformel. Ich habe mir immer gewünscht, irgend jemand würde mir die Antwort geben – mir den Weg zeigen. Und jemand hat es getan. Aber ich habe auch gelernt, was Glenda, die gute Fee, Dorothy im Zauberer von Oz erzählt hat: »Du hast sie immer gehabt. Du hast die Macht immer besessen.« Das wahre Geheimnis steckt in Ihnen selbst. Diese zehn Schritte können Ihnen den Weg weisen. Sie können Sie zu sich selbst finden lassen.

– Oprah

1. Trainieren Sie an fünf bis sieben Tagen pro Woche (vorzugsweise am Morgen).
2. Trainieren Sie in der »Zone« (auf Stufe sieben oder acht).
3. Trainieren Sie jeweils 20 bis 60 Minuten.
4. Ernähren Sie sich fettarm und ausgewogen.
5. Nehmen Sie täglich drei Mahlzeiten und zwei Zwischenmahlzeiten zu sich.
6. Trinken Sie wenig oder gar keinen Alkohol.
7. Zwei bis drei Stunden vor dem Schlafengehen sollten Sie nichts mehr essen.
8. Trinken Sie täglich sechs bis acht Glas Wasser.
9. Nehmen Sie täglich mindestens zwei Portionen Obst und drei Portionen Gemüse zu sich.
10. Bekräftigen Sie jeden Tag Ihren Vorsatz, gesund zu leben.

Das also sind die zehn wirksamsten und wichtigsten Veränderungen, die Sie vornehmen können, um Ihren Stoffwechsel anzuregen und abzunehmen. Wenn Sie sie in Ihr Leben einbauen, werden Sie einen gesünderen Körper und Geist bekommen.

Schwierig daran ist es, die Disziplin, innere Kraft und den Willen aufzubringen, diese zehn Schritte auszuführen. Es gibt eine Menge »Abkürzungen« da draußen. Manche davon funktionieren sogar – vorübergehend! Aber wenn Sie auf Dauer abnehmen wollen, müssen Sie diese zehn Schritte täglich durchführen.

Bei diesen Schritten handelt es sich größtenteils um grundlegende Prinzipien, von denen Sie einige vielleicht sogar schon befolgen. Das ist gut so. Aber erst die Kombination dieser zehn Schritte macht sie zu einem wirksamen und dauerhaften Programm zur Gewichtsreduzierung.

Sie fragen sich vielleicht: Warum gerade diese zehn? Diese Frage stellt man mir oft. Ich habe diese zehn Schritte im Laufe der letzten fünfzehn Jahre entwickelt, aufbauend auf einer Kombination aus Studien über die Funktion des Stoffwechsels und meinen Erfahrungen aus der Arbeit mit einer Vielzahl von Menschen, die ihre Fitneß- und Gewichtsvorstellungen erreichen wollten. Meine Philosophie ist zum Teil rein theoretisch, denn es ist sehr schwierig, den Stoffwechsel selbst zu studieren. Wie Sie bereits gelesen haben, versteht man unter Stoffwechsel die Geschwindigkeit, mit der ein Körper Kalorien verbraucht. Man kann den Stoffwechsel nicht direkt in einem Labor messen. Er kann nur geschätzt werden, und selbst das nur ungenau. Aber Sie müssen sich darüber klarsein, daß eine kleine Veränderung Ihres Stoffwechsels zu einer großen Änderung des prozentualen Anteils von Körperfett führen kann.

Den wichtigsten Beitrag zur Entwicklung dieses Programms hat meine Arbeit mit Menschen erbracht. Einer meiner ersten Klienten war ein Mann namens George. Er war eine solche Inspiration für mich! Wissen Sie, George war der Empfänger eines Spenderherzens. Damals war ich erstaunt, daß jemand das Herz eines anderen Menschen empfangen und ein solch produktives Leben führen konnte. Aber sein Leben war nicht nur produktiv – er wollte es auch immer noch weiter verbessern. Er zeigte immer eine positive Einstellung und half anderen Patienten. Er befolgte sein Trainingsprogramm bis ins kleinste Detail, strengte sich aber auch immer ein kleines bißchen mehr an als alle anderen. Selbst an den Tagen, an denen er sich nicht wohl fühlte, zeigte er sich niemals verbittert aufgrund seiner Situation. Von George ging ein gewisser Frieden aus. Er machte doppelt so schnelle Fortschritte wie alle anderen aus seiner Gruppe, und dabei war sein Zustand zu Beginn viel ernster als der der meisten anderen. Ich war traurig, als ich ihn am Ende seiner Therapie gehen sah. Als er aus der Tür ging, fragte ich ihn, was er in den Osterferien machen wollte, und er antwortete: »Ich wandere durch den Canyon.« Und damit meinte er den Grand Canyon. Von George habe ich gelernt, daß man alles kann, wenn man es nur wirklich will.

Mehrere Jahre lang habe ich mit Herzpatienten gearbeitet, die abnehmen mußten, um gesund zu werden. Dabei fiel mir immer wieder auf, daß diejenigen, die nur ein bißchen härter arbeiteten als die anderen, schneller abnahmen und insgesamt erfolgreicher waren. Sie wurden fit, fingen an, sich

gesünder zu ernähren, und hielten sich an das Programm, das ich für sie entwickelt hatte. Diejenigen, die nicht ganz so hart arbeiteten, wiesen weniger
Resultate auf, verloren den Mut und stiegen manchmal ganz aus. Es schien
so, als gebe es eine »Zone«. Und wenn sich die Patienten ständig innerhalb
dieser Zone bewegten, zeigten sich schon bald Ergebnisse.

Wenn man diese Zone nun mit den Erkenntnissen über den Stoffwechsel
koppelt, dann ergibt das Sinn. Sehen Sie sich nur einmal eine einfache Zelle
an. Wenn Sie hart Sport treiben, reagiert die Zelle darauf, indem sie schneller Sauerstoff verbraucht. Das heißt, daß sie mehr Kalorien verbraucht.
Wenn Sie nun Ihre Zellen so trainieren, daß sie in diesem schnelleren Tempo arbeiten, indem Sie täglich – oder fast täglich – intensiv Sport treiben,
dann werden Ihre Zellen die Kalorien in einem immer schnelleren Tempo
verbrennen. Sie verändern somit Ihren Stoffwechsel. Jetzt wissen Sie, wie sich
die Schritte eins und zwei entwickelt haben. Mit den anderen war es kaum
anders; ich griff auf die Erfahrungen des täglichen Lebens zurück, die von
wissenschaftlichen Theorien untermauert wurden.

Die andere Frage, die mir häufig zu Ohren kommt, lautet, warum ich mich
darauf spezialisiert habe, mit Menschen zu arbeiten, die Ihr Leben drastisch
ändern wollen oder müssen. Darauf hatte ich nicht schon immer eine Antwort. Aber jetzt weiß ich sie. In der Mitte meiner Karriere fing ich an, ausschließlich mit Patienten zu arbeiten, die abnehmen wollten oder mußten.
Die meisten Menschen in meinem Beruf wünschen sich, mit Sportlern zu
arbeiten. Aber mich interessierten schon immer die Menschen mehr, die
meine Hilfe am dringendsten zu benötigen schienen. Viele dieser Menschen
waren deprimiert und von Verzweiflung erfüllt. Mir waren ihre Kämpfe vertraut. Viele meiner Verwandten kämpfen mit ihrem Gewicht.

Ich kann mich noch erinnern, mit acht Jahren meine Urgroßmutter
besucht zu haben. Sie hat mich niemals an der Tür begrüßt. Statt dessen ging
ich in ihr Schlafzimmer – das früher das Eßzimmer gewesen war –, kletterte
auf ihr Bett und küßte sie auf die Wange. Meine Urgroßmutter war zu dick,
um ihr Bett verlassen zu können. Ich habe meine Mutter einmal gefragt, warum »Mom-Mom« immer im Bett lag. Sie erzählte mir, daß meine
Urgroßmutter vor vielen Jahren ihr Knie verletzt hätte. Erst als ich anfing,
mit Menschen zu arbeiten, die viel Gewicht abnehmen mußten, begriff ich,
daß mehr dahinter steckte als nur ihr Knie. Erstaunlicherweise wurde sie 92
Jahre alt. Ich denke oft an sie. Ich bin überzeugt, daß sie meine Berufswahl
beeinflußt hat.

Heute kann ich mir nicht vorstellen, irgend etwas anderes zu tun, um mir meinen Lebensunterhalt zu verdienen. Ich möchte meine Erfahrung und dieses Programm mit Ihnen teilen. Sie stehen kurz davor, zehn wichtige Schritte in Ihr Leben zu integrieren.

Die Schritte eins bis neun betreffen direkt oder indirekt Ihren Metabolismus. Schritt zehn dient der Motivation. Wenn sie alle zusammen durchgeführt wurden, war das Ergebnis dieser zehn Schritte immer ein dramatischer Gewichtsverlust. Sehen Sie die Schritte als eine Versicherungspolice für die Zukunft – Sie müssen täglich nur eine geringe Prämie bezahlen, um lebenslang einen gesunden Körper zu erhalten. Zwischen den Schritten besteht eine Wechselwirkung, was Ihren Stoffwechsel – und damit Ihren Gewichtsverlust – immer weiter anregt. Ich habe sie auch deshalb gewählt, weil sie täglich durchgeführt werden können, ohne daß Sie Ihr Leben drastisch ändern müssen. Und es kostet nichts oder nur wenig, diese Schritte vorzunehmen. Kurz gesagt, diese zehn Schritte gehören zu dem Besten, was Sie für Ihre Gesundheit – und Ihr Leben! – tun können.

Das heißt nicht, daß es nicht auch andere Tätigkeiten gibt, die Ihnen helfen abzunehmen. Ich weiß zum Beispiel, daß Gewichtheben besonders gut geeignet ist, um abzunehmen oder sein niedriges Gewicht zu halten, besonders auf lange Sicht. Darüber hinaus hat es noch andere gesundheitliche Vorteile, beispielsweise beugt es der Osteoporose vor. Ich halte das Training mit Gewichten für ausgesprochen wertvoll. Für gewöhnlich mache ich meine Abmagerungspatienten damit bekannt, wenn sie mein Programm etwa drei Monate lang gelebt haben, und nur, wenn ich ganz sicher bin, daß die zehn Schritte fester Bestandteil ihres Lebens sind.

Einige von Ihnen werden auch abnehmen, wenn Sie nicht alle zehn Schritte befolgen. Sie sollten sich das Ganze jedoch wie eine Kette vorstellen, und jeder Schritt bildet ein Glied. Die Kette ist immer nur so stark wie ihr schwächstes Glied. Deshalb empfehle ich Ihnen, alle zehn Schritte zu befolgen. Dies bietet Ihnen nicht nur das wirksamste Abmagerungsprogramm, sondern verbessert darüber hinaus ihr Allgemeinbefinden. Man hat festgestellt, daß einige der Schritte das Risiko verschiedener Krebserkrankungen ebenso mindern wie die Gefahr eines Herzanfalls, sie senken erhöhten Blutdruck und reduzieren psychischen Streß.

Innerhalb der Richtlinien der meisten Schritte gibt es ein unterstes und ein oberstes Niveau. Ich rate Ihnen, mit dem untersten Niveau anzufangen. Sobald Sie alle zehn Schritte durchgeführt haben, warten Sie ab, was mit Ihrem Gewicht geschieht. Lassen Sie sich jedoch genügend Zeit, bis sich Ergebnisse zeigen. Wenn Sie das Gefühl haben, ein dauerhaftes Plateau

erreicht zu haben – darüber habe ich an einer früheren Stelle ja bereits geschrieben –, überlegen Sie, ob Sie das Niveau innerhalb der Schritte erhöhen können. So erfordert Schritt drei beispielsweise 20 bis 60 Minuten Training in jeder Trainingseinheit. Das Minimum bei diesem Schritt beträgt 20 Minuten. Fangen Sie also damit an, und wenn Sie alle anderen neun Schritte ebenfalls täglich durchführen und das Gefühl haben, für ein längeres Training bereit zu sein, erhöhen Sie es minutenweise. Was das Maximum von 60 Minuten angeht, so gibt es eigentlich wirklich keinen Grund, warum Sie länger als 60 Minuten trainieren sollten, außer Sie bereiten sich auf einen Härtetest vor.

Die zehn Schritte sollten außerdem wirklich täglich durchgeführt werden. Geschieht das, so ist das Ergebnis immer ein Gewichtsverlust. Ich behaupte nicht, daß es leicht sein wird, diese Schritte dauerhaft einzuplanen. Es ist nicht leicht. Aber der Schlüssel liegt in der Disziplin, die man finden muß, um diese Übungen täglich zu machen und zu erkennen, in wie vieler Hinsicht sie Ihr Leben verbessern. Wenn Sie diese zehn Schritte regelmäßig durchführen, werden Sie abnehmen – und was noch viel wichtiger ist, Sie werden die Kontrolle über Ihr Gewicht erhalten. Sie werden Ihr Leben verändern.

Noch ein Wort, ehe Sie anfangen

Der Satz »Lassen Sie sich vor Beginn eines Sportprogramms von Ihrem Hausarzt untersuchen« scheint auf praktisch jedes Video mit Sportanleitungen, auf jedes Sportprogramm, -buch und Übungsgerät anwendbar, das man kaufen kann. Wir sehen diesen oder einen ähnlichen Satz so oft, daß wir die Botschaft meiner Meinung nach vollkommen ignorieren und vermuten, es handle sich um eine Aussage, die allein die Haftung betrifft.

Natürlich dient sie auch dazu. Trotzdem handelt es sich auch um einen wirklich guten Rat! Diese Untersuchung durch Ihren Arzt kann nämlich einen Gesundheitszustand nachweisen, der behandlungsbedürftig ist, ehe Sie mit einem Sportprogramm anfangen. Dazu gehören unter anderem hohe Cholesterinwerte oder Bluthochdruck (der unter Kontrolle gebracht werden sollte) und das Rauchen (das aufgegeben werden sollte). Und wenn Sie als »gesund« gelten, dann haben Sie die Gewißheit, daß Sie in aller Ruhe auf dem empfohlenen Niveau Sport treiben können.

Ihr Arzt kann Ihnen außerdem helfen, die Aktivitäten auszuwählen, die für Sie in Anbetracht Ihres ureigenen Gesundheitszustandes geeignet sind. Und schließlich führt die Konsultation Ihres Arztes zu einer Kommunikation, die Ihnen und Ihrem Hausarzt helfen kann, Ihren Gesundheitszustand umfassend einzuschätzen.

Also, machen Sie einen Termin bei Ihrem Arzt aus, und machen Sie sich startklar!

Schritt eins

Aerobes Training am Morgen

Schritt eins

Ich hatte den Sport aufgegeben. Sporadisch versuchte ich es zu Beginn eines neuen Jahres immer wieder – Sie wissen schon, die Neujahrsvorsätze. Ich erinnere mich, Anfang Januar 1993 gelaufen zu sein – zwei Monate, ehe ich anfing, mit Bob zu arbeiten. Ich joggte mit einer Freundin und erzählte ihr: »Ich glaube einfach nicht an Sport.« »Warum machst du es dann?« wollte sie wissen. »Weil es immer wieder heißt, es würde funktionieren. Aber ich glaube, die lügen alle.« Wissen Sie, ich hatte es immer und immer wieder mal versucht, aber nichts war geschehen, außer daß ich müde wurde. Ich hatte Frauen gesehen, die Sport trieben, in diesen winzigen, aufreizenden Outfits, und ich hatte gedacht, muß toll sein, gute Gene zu haben und einen so guten Stoffwechsel. Heute weiß ich, daß manche dieser Frauen mit guten Genen gesegnet waren, aber andere haben einfach hart gearbeitet, um ihren Stoffwechsel anzukurbeln.

Für mich war es aufregend und neu zu hören, daß ich mit regelmäßigem Sport (und damit meine ich nicht die drei Tage pro Woche, die uns immer eingeredet werden, sondern fünf bis sieben Tage pro Woche) meinen Stoffwechsel ändern könnte. Und man braucht einen guten Metabolismus, wenn man Fett verbrennen will.

Jahrelang hatte ich Diät gehalten und gelegentlich auch abgenommen, aber nie genug. Und nie beständig. Jetzt treibe ich an sieben Tagen pro Woche Sport – es ist so selbstverständlich wie das Zähneputzen. An vielen Tagen macht es mir überhaupt keinen Spaß. Ich kann nicht behaupten, daß ich Sport liebe. Aber ich liebe alles, was er für mich tut.

– Oprah

Ich war gerade erst in Chicago eingetroffen, um mit Oprah zu arbeiten. Es war ungefähr fünf Uhr nachmittags, Oprah hatte bereits zwei Shows aufgezeichnet und eine Reihe von Meetings hinter sich, und wir beendeten gerade unsere erste Übungsstunde.

Sie schwitzte und keuchte noch, aber es war genau der richtige Augenblick, um ihr zu sagen, was sie tun mußte, um ihr Zielgewicht zu erreichen und zu halten. »Sie müssen an sechs oder sieben Tagen der Woche Sport treiben«, sagte ich. »Und zwar am Morgen.« Ich bereitete mich innerlich bereits auf ihre Einwände vor.

Ohne zu zögern, sah Oprah mich an und meinte: »Okay, dann sehe ich Sie morgen früh um viertel nach fünf.« Ich war außer mir vor Freude. Ich wußte, daß sie Erfolg haben und abnehmen würde.

Leider ist Oprahs Reaktion die Ausnahme. Denken Sie nur einmal daran, wie Sie reagiert haben, als Sie von Schritt eins gelesen haben. Von allen zehn Schritten ist er derjenige, der für gewöhnlich auf den meisten Widerstand stößt. Und doch ist er einer der wichtigsten Schritte.

Als ich im Frühjahr 1995 mit Oprah an einer Reihe von Sendungen zum Thema Fitneß arbeitete, fiel mir auf, daß die erfolgreichsten Teilnehmer meist jene Leute waren, die im Sport einen Bestandteil ihres Tagesablaufs sahen. Und genau das sollen auch Sie tun. Sie wissen wahrscheinlich, daß Sport unerläßlich ist, wenn Sie langfristig abnehmen wollen. Ich möchte Ihnen einimpfen, daß Sport – wenigstens fast – täglich getrieben werden muß, wenn er sich langfristig auf Ihren Stoffwechsel auswirken soll. Das wird verständlicher, wenn Sie sich den 24-Stunden-Zyklus des Stoffwechsels in Erinnerung rufen. Ihr Ziel ist es, Ihren Körper täglich zu erhitzen, um eine dauerhafte Auswirkung auf Ihren Metabolismus zu erzielen. Außerdem möchten Sie die Anzahl der Aerobic-Enzyme in Ihren Muskeln steigern – diese kleinen Kerle helfen Ihnen dabei, 24 Stunden am Tag wirkungsvoller Fett zu verbrennen.

Ich kann verstehen, daß einige von Ihnen verwirrt darüber sind, wie häufig Sie Sport treiben sollen. Wahrscheinlich haben Sie gehört, daß Sie dreimal wöchentlich trainieren müssen, um Ergebnisse zu erzielen. Aber was für Ergebnisse? Dreimal die Woche, das verbessert Ihre Gesundheit und auch Ihr Herz, Sie werden sich sogar viel wohler fühlen. Aber es reicht nicht aus, um Ihren Stoffwechsel zu verändern und Ihr Gewicht zu senken. Deshalb müssen Sie täglich aerobische Übungen durchführen oder wenigstens fünfmal pro Woche. Nur so erzielen Sie dramatische und anhaltende Erfolge. Ich würde keine Patienten annehmen, die nicht bereit sind, mindestens fünfmal pro Woche aerobische Übungen zu machen. Wie steht es mit Ihnen?

Frühsport

Es gibt verschiedene Gründe, warum ich möchte, daß Sie am Morgen als allererstes Sport treiben. Der erste Grund ist rein physiologischer Natur. Wenn Sie am Morgen Sport treiben, laden Sie Ihren Stoffwechsel vom Start weg auf. Dadurch ist er den ganzen Tag über erhöht, mit anderen Worten, Sie verbrennen selbst dann noch zusätzliche Kalorien, wenn Sie keinen Sport treiben. Denken Sie bloß einmal an all die Kalorien, die Sie verbrennen, während Sie an Ihrem Schreibtisch sitzen! Wenn Sie mit dem Sport bis zum

Nachmittag oder frühen Abend warten, sinkt Ihr Stoffwechsel viel schneller ab, und Sie verzichten auf den Vorteil, zusätzliche Kalorien zu verbrennen.

Der zweite Grund ist ausschließlich psychischer Natur. Frühsport läßt keine Entschuldigung zu – und wir sind alle Meister im Erfinden von Ausreden, warum wir keinen Sport treiben können. Im Laufe des Tages können eine Million Gründe dazwischenkommen: Die Kinder müssen abgeholt werden; Sie haben eine wichtige Besprechung; Sie sind schon zu spät; der Hund ist krank geworden. Sie wissen, was ich meine. Diese Ausreden sind mit ein Grund dafür, daß Sportprofis festgestellt haben, daß nur 29 Prozent der Abendsportler ihr Programm dauerhaft durchziehen, gegenüber 75 Prozent der Frühsportler.

Auch Streß wird durch Sport besser abgebaut, wenn Sie diesen am Morgen ausüben. Wenn Sie anfangen, Frühsport zu treiben, werden Sie feststellen, daß Sie tagsüber mit Streß und Krisen besser fertigwerden.

Schließlich und endlich hilft Ihnen der Frühsport dabei, sich auf Ihren neuen Lebenswandel einzustellen. Dadurch, daß Sie Ihren Tag damit beginnen, erinnert er Sie täglich daran, daß Ihnen diese Art zu leben wichtig ist, und das wiederum wird Ihnen helfen, sich für den Rest des Tages an Ihr Essensprogramm zu halten. Außerdem trägt der Frühsport zu Ihrer Erneuerung bei. Über diese tägliche Erneuerung werden wir unter Schritt zehn noch ausführlicher sprechen.

Wenn ich nun mit einem neuen Kunden arbeite, der daran gewöhnt ist, abends Sport zu treiben, gebe ich mir – aus all den genannten Gründen – größte Mühe, ihn dazu zu bewegen, auf Frühsport umzusteigen. Nehmen wir einmal Louise, die Börsenmaklerin. Sie trainierte abends, weil sie das Gefühl hatte, dies sei am günstigsten. Als ich sie kennenlernte, erklärte ich ihr, daß sie vom Frühsport mehr profitieren würde, denn das würde nicht nur ihren Stoffwechsel ankurbeln, sondern auch etwas von dem Streß abbauen, dem sie sich in ihrer Arbeit gegenübersah. Louise erklärte mir, daß sie dann bereits um halb fünf Uhr früh aufstehen müßte. Ich konterte mit: »Wie dringend möchtest du zwölf Pfund abnehmen?« Inzwischen liebt sie ihren Frühsport.

Also, richten Sie sich darauf ein, früh aufzustehen und loszulegen!

Aerob oder anaerob?

Sicher haben Sie den Ausdruck »aerob« im Zusammenhang mit Sport schon einmal gehört und sich vielleicht gefragt, was das eigentlich genau heißt. »Aerob« bedeutet nichts weiter als »mit Sauerstoff«. Übungen, die viel Sauerstoff erfordern, nennt man »aerob«. Sie unterscheiden sich von Übungen, die »anaerob« sind, was soviel heißt wie »unter Abwesenheit von Sauerstoff«. (Die Hauptenergiequelle für diese Übungen stammt aus dem Muskelgewebe und entspringt einem Prozeß namens Glykolyse – wenn Sie es genau wissen wollen!)

Viele Menschen glauben, daß eine Übung entweder ausschließlich aerob ist (wie Laufen oder Skilanglauf) oder ausschließlich anaerob (wie Gewichtstraining). Das ist jedoch nicht der Fall. Praktisch jede Übung erfordert sowohl Energie aus dem aeroben System wie auch aus dem anaeroben. Aber die verschiedenen Bewegungen benötigen verschiedene Mengen von Sauerstoff. Wir sind darauf bedacht, uns vor allem auf Sport im aeroben Bereich zu konzentrieren.

Wenn Sie regelmäßig eine hochaerobe Sportart betreiben, wie Walking oder Joggen, vervielfachen Sie Ihre aeroben Enzyme, die bei der Fettverbrennung helfen. Allgemein läßt sich sagen: Je aerober eine Übung ist, desto mehr wirkt sie sich auf diese Enzyme und den Stoffwechsel aus.

Lassen Sie mich jetzt ein paar Dinge zum Gewichtstraining sagen. Die meisten von Ihnen werden schon gehört haben, es sei günstig, während der Abmagerungskur mit Gewichten zu arbeiten. Das stimmt auch. Wer aber an

den Kraftmaschinen arbeitet, ist nur allzu oft nicht bereit, die nötige Zeit für die aeroben Übungen aufzuwenden. Wir alle haben nun mal nur eine bestimmte Menge von Zeit und Energie.

Dabei fällt mir eine Frau ein, die ich in einem Fitneßclub kennengelernt habe, den ich häufig besuche. Als ich sie vor zwei Jahren zum ersten Mal mit ihrem Trainer sah, verbrachte sie zehn Minuten auf dem Laufband, ehe sie eine Stunde lang Gewichte hob. Sie wog etwa 300 Pfund. Ich vermutete, daß sie nach dem aeroben Teil ihres Programms das Laufband bestieg, um abzukühlen. Erst vor kurzem ist mir klargeworden, daß diese zehn Minuten auf dem Laufband ihr gesamtes aerobes Training ausmachten. Diese Frau wiegt heute noch immer mindestens 300 Pfund. Ich bin überrascht, daß sie immer noch ins Fitneßzentrum kommt, nachdem sie in zwei Jahren nicht ein einziges Pfund abgenommen hat. Sie tut mir wirklich leid. Dabei müßte sie sich nur darauf konzentrieren, den Stoffwechsel anzukurbeln. Und das geht nun einmal am besten mit aerobem Training. Die Gewichte könnte sie dann später immer noch hinzuziehen. Gewichtstraining ist in erster Linie eine anaerobe Übung. Um sie aerober zu machen, wurde vor einigen Jahren das Konzept des Zirkeltrainings mit Gewichten entwickelt. Dieses Konzept erfordert, daß man sich schnell von einem Gerät zum nächsten begibt und die Übungen für gewöhnlich immer schneller durchführt. Zwar ist diese Art des Gewichtstrainings ein wenig aerober als das traditionelle Gewichtheben, aber es wird einem vorgegaukelt, man traine aerober, als es in Wirklichkeit der Fall ist. Das kommt daher, daß das Gewichtstraining zwar den Herzschlag beschleunigt, aber im Verhältnis zum, sagen wir einmal, Joggen nicht viel Sauerstoff erfordert und deshalb auch Ihre aeroben Enzyme nicht steigert. Auf kurze Sicht tun Sie damit also nur wenig, um Ihren Stoffwechsel zu verändern. Deshalb sehe ich im Zirkeltraining mit Gewichten keine aerobe Übung, die den Erfordernissen dieses ersten Schritts gerecht wird.

Das Training mit Gewichten hat jedoch andere Vorteile: Vor allem fördert und erhält es Muskelmasse, kräftigt die Gelenke und erhält die Knochendichte. Auf lange Sicht kann es auch den Stoffwechsel verbessern – indem es Muskeln aufbaut und erhält. Sie sollten es als zusätzliche Aktivität ernsthaft in Erwägung ziehen, sobald Sie die anderen Schritte in Ihr Leben einbezogen und das Gefühl haben, diesem Sport ausreichend Zeit widmen zu können.

Die Auswahl einer Primärübung

Da Sie mindestens fünfmal pro Woche Sport treiben werden, sollten Sie sich eine Form aussuchen, mit der Sie leben können und die Ihnen sogar Spaß macht. Wenn Sie Ihren typischen Wochensportplan aufstellen, sollten Sie eine Primärsportart auswählen und daneben ein oder zwei Alternativübungen. Ihre Primärsportart sollte leicht zu betreiben sein – selbst, wenn Sie nicht zu Hause sind. Diese Übung werden Sie mindestens drei-, viermal pro Woche absolvieren. (Vergessen Sie nicht, ich erwarte von Ihnen Sport an mindestens fünf Tagen in der Woche.) Ihre Alternativübung kommt hinzu. Sie wird Ihnen helfen, andere Muskeln zu stärken, und verhindern, daß Ihnen langweilig wird.

Ihre Primärübung muß ausgesprochen aerob sein, außerdem relativ einfach auszuführen und praktisch. Skilanglauf ist zum Beispiel ein höchst aerobes Training, aber vergessen Sie nicht: Sie müssen irgendwo leben, wo ständig Schnee liegt. Von diesen und anderen Überlegungen ausgehend, habe ich vier Sportarten ermittelt, die als Primärübungen geeignet sind:

- Powerwalking
- Jogging
- Aerobic
- Stair Stepping (Treppensteigen)

Powerwalking

Am besten geeignet für alle, die abnehmen wollen, ist meines Erachtens das Powerwalking. Es ist ausgesprochen aerob; Sie müssen nichts Neues lernen; Sie benötigen keine teure Ausrüstung; und Sie können es praktisch überall tun. Hinzu kommt, daß das Walking Muskeln und Gelenke kaum belastet. Es ist eine der wenigen hochaeroben Übungen, die Sie täglich ausüben können, ohne Verschleißerscheinungen in Kauf zu nehmen. Sie müssen sich auch nicht unbedingt eine ergänzende Sportart suchen, obwohl es mit Sicherheit nicht schlecht ist, einfach, weil Ihre Woche auf diese Weise abwechslungsreicher wird. Aus all diesen Gründen fangen die meisten meiner Klienten mit dem Walking an. Einige wechseln später zu Jogging oder Aerobic, andere bleiben beim Walking. Das liegt ganz in Ihrer Entscheidung.

Eine meiner Kundinnen wog 211 Pfund, als sie mit diesem Programm anfing. Für mich war es überhaupt keine Frage: Die beste Übung für sie war das Walking, und sie würde es immer als Primärübung nehmen müssen, da sie an einer alten Knieverletzung litt. Allein durchs Walking hat sie inzwischen über 50 Pfund verloren. Es fehlen noch zehn Pfund, dann hat sie ihr Ziel erreicht. Und für sie ist das Walking einfach bestens geeignet.

Wenn Sie sich fürs Walking als Primärsport entscheiden, müssen Sie darauf achten, daß Sie tatsächlich eine aerobe Übung daraus machen und nicht einfach dahinschlendern. Das ist ein großer Unterschied. Um die Technik des aeroben Walkings richtig zu beherrschen, ist erst einmal eine gute Haltung unerläßlich. Sie müssen den Kopf gerade und das Kinn hochhalten und nach vorn, nicht nach unten sehen. Halten Sie die Schultern hoch und gerade – nicht gebeugt oder nach vorn. Die Hüften sollten parallel zu den Schultern sein, der Rücken aufrecht. Beugen Sie die Arme im 90-Grad-Winkel und schwingen Sie sie, um die Vorwärtsbewegung zu unterstützen. Achten Sie darauf, daß Ihre Hände nicht über Schulterhöhe hinausschwingen. Betrachten Sie die Zeichnung, um die richtige und die falsche Form zu erkennen. Und vergessen Sie nicht: Je mehr Sie gehen, desto besser wird Ihre Figur!

Ziehen Sie die nachfolgend aufgeführte Checkliste zu Hilfe, um die Technik des Powerwalkings zu erlernen:

- Achten Sie auf gute Haltung
- Kopf hoch, Kinn gerade

- Schultern gerade und in einer Linie mit der Hüfte
- Brust raus
- Arme im 90-Grad-Winkel schwingen
- Atmen Sie in erster Linie durch den Mund, nicht durch die Nase.

Danach, wie fit Sie sind, richtet sich Ihre Geschwindigkeit oder die Intensität, mit der Sie laufen. In Schritt zwei gehe ich darauf noch näher ein. Oprah fing mit einem Tempo von 17 Minuten für eine Meile an. Schnell hatte sie sich auf 13 Minuten gesteigert. Das ist nicht untypisch: Wenn Sie das Powerwalking als Ihre Hauptsportart wählen, werden Sie im Laufe der Zeit immer schneller werden. Das ist ein gutes Zeichen. Sie arbeiten mehr und nehmen ab. Ich habe erlebt, daß sich Leute von 26 Minuten pro Meile auf unter 12 Minuten gesteigert haben. Und immer fiel ihr Gewicht in dem Maße, in dem das Tempo stieg. Konzentrieren Sie sich darauf, fit zu werden, wenn Sie anfangen, und richten Sie Ihr Augenmerk darauf, auf einem Niveau zu gehen, das Ihnen Ergebnisse bringt.

Jogging

Als Oprah soweit war, daß sie nur noch 13 Minuten pro Meile benötigte, entschied sie sich fürs Joggen und walkte nur noch als Ergänzung. Aufgrund Ihres Set-points (Sie wissen schon, er reguliert die Fettmenge, die der Körper speichert) mußte sie mit Jogging anfangen, um weiter abzunehmen. Viele von Ihnen werden Ihr Zielgewicht aber auch erreichen, wenn sie das Powerwalking als Primärübung nicht aufgeben.

Wenn Sie sich jedoch vorrangig aufs Joggen konzentrieren, gibt es ein paar Dinge, die Sie wissen sollten. Positiv ist, daß man mit Jogging normalerweise am schnellsten abnimmt. Außerdem ist es leicht zu lernen, kann nahezu überall ausgeübt werden und bringt keine großen Unkosten mit sich.

Andererseits bedeutet Jogging eine Menge Streß für Ihren Körper – vor allem für Muskeln und Gelenke. Wenn Sie häufig orthopädische Probleme haben, wie verstauchte oder gedehnte Knie, Knöchel oder Hüften, dann ist Jogging vielleicht nicht das Richtige für Sie. Auch das Herz-Kreislauf-System wird durchs Jogging mehr belastet, was bei hohem Blutdruck oder anderen Herz-Lungen-Komplikationen zum Problem werden kann. Eine weitere Schwierigkeit kann Asthma sein. Und gerade wenn Sie viel Gewicht verlieren müssen, bedeutet Jogging noch mehr Streß für Ihren Körper. Dann ist Walking auf jeden Fall geeigneter. Ihr Hausarzt oder ein qualifizierter Sportspezialist kann Ihnen bei der Entscheidung helfen.

Der wichtigste Unterschied zwischen Walking und Jogging liegt darin, daß beim Walking immer ein Fuß am Boden ist. Beim Jogging stoßen Sie sich mit dem hinteren Bein ab, so daß Sie tatsächlich immer wieder für den Bruchteil einer Sekunde in der Luft sind.

Beim Jogging werden auch andere Muskeln beansprucht als beim Powerwalking. Tatsächlich können die beiden einander hervorragend ergänzen. Wenn Sie eine Technik anwenden, die sowohl Walken als auch Joggen beinhaltet, können Sie die Vorteile von beidem genießen. Sie gehen einfach eine Weile, dann joggen Sie. Wenn Sie müde werden, gehen Sie wieder. Diese Technik eignet sich sehr gut, wenn Ihr Gewicht mit dem Walking allein stagniert und Sie nicht sofort die ganze Zeit über joggen wollen.

Wie beim Walking gibt es auch beim Jogging ein paar Punkte, die zu beachten sind. Für die meisten von uns ist Joggen etwas ganz Natürliches, und wenn wir es regelmäßig tun, nehmen wir für gewöhnlich auch die richtige Haltung ein. Die folgenden Illustrationen zeigen Ihnen die richtige Haltung beziehungsweise eine Fehlhaltung beim Jogging.

- Nehmen Sie eine gute Haltung ein – Kopf hoch, blicken Sie gerade-aus.
- Halten Sie die Schultern gerade, ein wenig vor den Hüften.
- Lassen Sie die Arme frei im 90-Grad-Winkel schwingen.
- Lassen Sie die Hände locker hängen, so daß Sie sich frei bewegen können.
- Setzen Sie den Fuß mit der Ferse auf.
- Geatmet wird hauptsächlich durch den Mund, nicht durch die Nase.

Weil Jogging eine größere Belastung für den Körper darstellt, sollten Sie nicht öfter als viermal pro Woche joggen. Um Schritt eins zu vervollständigen, werden Sie an den anderen Tagen anderen Sport treiben müssen.

Wie auch beim Walking sollten Sie beim Jogging Ihre Geschwindigkeit entsprechend Ihren Möglichkeiten steigern. Vergessen Sie nicht, daß Ihr Gewicht abnimmt, während Sie an Tempo zulegen.

Aerober Tanz

Aerober Tanz, kurz auch nur Aerobic genannt, ist eine ausgesprochen aerobe Sportart. In der traditionellen Form werden Grundschritte aus dem Tanz herangezogen, um sowohl Herz und Kreislauf zu stärken als auch die Muskeln zu festigen. Es gibt viele verschiedene Möglichkeiten, wie beispielsweise Step-Aerobic, Cardiofunk, Jazzercise, Water Aerobic, ja, sogar Box-Aerobic. Sie sehen, Aerobic können sehr viel Spaß machen. Mit dem richtigen Unterricht sind die meisten Arten auch gut geeignet. Selbst das Aufwärmen, Dehnen und Abkühlen sind in den Unterricht mit einbezogen. (Genaueres dazu später.)

Trotzdem eignen sich manche Varianten besser als andere. So kann Wasseraerobic zwar als aerobe Aktivität angesehen werden, das Wasser verhindert jedoch, daß der Körper sich so aufwärmt wie bei anderen Aerobic-Arten. Deshalb empfehle ich Aerobic im Wasser nicht als Primärübung.

Wenn Sie sich Aerobic als Primärsportart aussuchen, sollten Sie noch ein paar andere Dinge berücksichtigen. Kurz nachdem die Aerobic-Welle eingesetzt hatte, mußte man eine Menge Verletzungen von Muskeln und Gelenken diagnostizieren, die auf Überbeanspruchung zurückzuführen waren. Doch schon bald gelang es den Sportlehrern, die Belastung durch die Übungen zu senken, ohne deren aerobe Vorzüge zu opfern. Heutzutage stellen die meisten Arten keine allzu große körperliche Belastung mehr dar, selbst wenn sie sehr intensiv sind. Trotzdem glaube ich immer noch, daß es zu Verletzungen führen kann, wenn man öfter als viermal pro Woche Aerobic macht. Ich empfehle, die Übungen nicht öfter als drei-, allerhöchstens viermal wöchentlich zu absolvieren und wenigstens eine Alternativsportart auszusuchen, um Schritt eins abzurunden.

Bedenken Sie auch, was es kosten wird, wenn Sie die Kurse bezahlen oder einem Club beitreten müssen, der sie anbietet. Wenn Sie einen Sportlehrer gefunden haben, der Ihnen zusagt, denken Sie daran, daß die Qualität Ihrer Sportstunden davon abhängt, daß er das Fitneßcenter verlassen könnte, und dann stehen Sie wieder am Anfang.

Auch wenn Sie häufig unterwegs sind, ist Aerobic vielleicht nicht gerade die beste Wahl.

Das Beste, was ich Ihnen empfehlen kann, wenn Sie Aerobic als Primärsportart wählen, ist, sich einen Kurs zu suchen, der Ihnen gefällt und der von einem qualifizierten, motivierten Sportler geleitet wird.

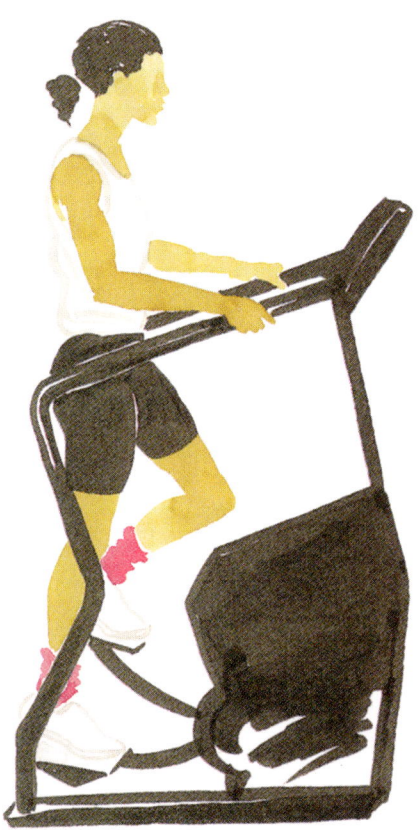

Stair Stepping (Treppensteigen)

Auch Treppensteigen können Sie als Primärsportart wählen. Es geht mit Hilfe einer Stepmaschine oder indem Sie Treppen steigen, aber ich werde mich hauptsächlich auf den Gebrauch einer Maschine konzentrieren, denn das ist heutzutage die häufigste Art, diese Übung durchzuführen.

Treppensteigen hat mehrere Vorzüge. Erstens einmal bedeutet es nur wenig Streß für Ihren Körper. Darüber hinaus ist es relativ einfach zu lernen. Und schließlich und endlich ist diese Sportart wetterunabhängig, da sie in erster Linie in geschlossenen Räumen ausgeübt wird.

Aber Treppensteigen ist nicht so aerob wie Walking, Joggen oder Aerobic.

Das liegt daran, daß Sie nicht Ihr gesamtes Körpergewicht bewegen, wenn Sie mit einer Maschine arbeiten – das Gerät trägt einen Teil davon. Sie setzen auch weniger Muskeln ein als bei den anderen drei Übungen.

Zudem müssen Sie ein verhältnismäßig teures Gerät erwerben (die billigen Stepper sind reine Zeitverschwendung) oder einem Club beitreten, der eine geeignete Maschine besitzt.

Ich habe häufig gesehen, daß eine derartige Maschine falsch benutzt wird. Denn nur wenn Sie die richtige Haltung einnehmen, können Sie die aerobe Wirkung dieser Übung maximieren. Sehen Sie sich hierzu die Abbildungen auf den Seiten 107/108 an.

Halten Sie sich an die folgende Checkliste, um die richtige Stepping-Technik zu erlernen:

- Achten Sie auf gute Haltung.
- Kopf hoch, Kinn vor
- Schultern zurück
- Die Hände sollten Kontakt zum Gerät haben.
- Die Arme sollten angewinkelt sein und Ihr Gewicht nicht stützen.
- Machen Sie mittlere bis große Schritte.

Denken Sie immer daran, daß Ihre Hände auf dem Stepper ruhen sollen, um das Gleichgewicht zu halten, nicht um Ihr Gewicht zu tragen.

Alternative Aktivitäten

Falls Sie als Primärsportart etwas anderes als Walking gewählt haben, müssen Sie sich mindestens für eine Alternativart entscheiden. Aber auch wenn Sie sich für Walking als Primärsport entschieden haben, sollten Sie für ein wenig Abwechslung in Ihrem Programm sorgen.

Die vier genannten Sportarten sind am besten als Alternative geeignet – also Walking, Jogging, Aerobic oder Treppensteigen. Um Ihnen jedoch die Auswahl zu vergrößern, habe ich noch ein paar andere aufgeführt. Ich wähle sie danach aus, wie groß ihr aerobes Potential ist, wie leicht sie zu erlernen und auszuüben sind und wie groß der erforderliche Aufwand ist. Ich will nicht behaupten, daß es sich um die einzigen Möglichkeiten handelt, aber ich halte sie für die besten. Es sind:

Schritt eins

- Radfahren im Freien
- Das Fahren auf einem Heimtrainer
- Rudern
- Skilanglauf
- Schwimmen.

Radfahren im Freien

Radfahren ist eine gemäßigt aerobe Aktivität. In erster Linie macht es Spaß! Das ist der Hauptgrund dafür, daß ich es empfehle. Sie können es auch einsetzen, um einen Ort zu erreichen, und Sie können zusammen mit anderen radeln und dabei Spaß haben.

Ein paar Dinge sollten Sie jedoch nicht vergessen: Erstens ist die Verletzungsgefahr durch Unfälle hoch. Es ist also wichtig, eine Strecke zu finden, auf der nur wenig Verkehr herrscht. Sie sollten sich nach Möglichkeit für eine Strecke entscheiden, auf der es nicht viele Stoppschilder oder Ampeln gibt.

Sie müssen sich vielleicht auch erst ein Fahrrad kaufen, und ein gutes Rad ist heutzutage recht teuer. Darüber hinaus trägt das Rad den größten Teil Ihres Gewichts, was das Radfahren weniger aerob sein läßt als meine vier Primärsportarten. Wenn Sie radfahren, sollten Sie die Zeit Ihrer Primärübung verdoppeln. Mit anderen Worten: Wenn Sie für gewöhnlich 20 Minuten lang »Treppensteigen«, dann müssen Sie 40 Minuten radfahren, um dasselbe Ergebnis zu erzielen. Wenn Sie 60 Minuten gelaufen sind, heißt das, Sie müssen zwei Stunden radfahren. Ich denke, Sie verstehen mich.

Schließlich und endlich sind Sie beim Radfahren dem Wetter ausgeliefert. Und vergessen Sie nicht, einen Helm zu tragen!

Radfahren auf dem Heimtrainer

Das Fahren auf dem Heimfahrrad ist gerade eben aerob genug, um als Alternativaktivität angesehen werden zu können. Es ist geringfügig weniger aerob als das Radfahren im Freien, weil hier der Luftwiderstand wegfällt. Auch müssen Sie kein Eigengewicht vorwärtsbewegen, wie es im Freien der Fall ist. Teilweise können Sie dies ausgleichen, indem Sie den Widerstand an Ihrem Heimfahrrad erhöhen.

Zu den Nachteilen gehört auch hier, daß Sie die Zeit verdoppeln müssen;

auch müssen Sie vielleicht ein Heimfahrrad anschaffen, und die eintönige Bewegung ohne Wechsel der Landschaft langweilt Sie möglicherweise schon bald. Zu den Vorteilen gehört, daß das Fahren auf einem Heimfahrrad schnell und leicht auszuführen ist, daß Sie sich keine Gedanken wegen des Wetters machen müssen, daß es keine starke Belastung für Ihren Körper und Ihre Gelenke bedeutet, und daß Sie nebenbei andere Dinge tun können, wie beispielsweise lesen oder fernsehen (vergessen Sie dabei aber bitte nicht, mit der richtigen Intensität zu fahren; ich komme unter Schritt zwei noch darauf zurück).

Rudern

Rudern stellt eine ausgezeichnete aerobe Aktivität dar, gleichgültig, ob Sie es auf einem Heimtrainer oder in einem speziellen Ruderboot auf dem Wasser ausüben. Es belastet die Gelenke und Bänder nur unwesentlich, kann im Haus wie im Freien ausgeführt werden und trainiert sowohl Ober- als auch Unterkörper. Manche Boote sind jedoch besser als andere. Ein Einer ist am

besten, um den gesamten Körper zu trainieren, während in einem Kajak die meiste Arbeit von den Armen erledigt wird. Im Kanu schließlich benutzen Sie Ihre Beine so gut wie gar nicht. Heben Sie sich das Kanu also besser zur Entspannung auf, für die Zeit nach Ihrem Sport.

Wenn Sie sich für diese Sportart entscheiden, brauchen Sie die Ausrüstung und müssen vermutlich länger lernen. Nicht zuletzt findet der eine oder andere »Trockenrudern« auch einfach nur langweilig.

Skilanglauf

Auch Skilanglauf kann zur Not im Haus stattfinden. Es handelt sich um eine ausgesprochen aerobe Aktivität, die sowohl Arme als auch Beine trainiert. Außerdem werden Muskeln, Gelenke und Bänder nicht übermäßig beansprucht. Und die Sportart ist relativ sicher – besonders auf einem Gerät im Haus. Zu den Nachteilen des Skilanglaufs gehören die Kosten der Ausstattung. Außerdem sollte man schon ziemlich fit sein, um den größtmöglichen Nutzen aus diesem Sport zu ziehen. Schließlich erfordert er Koordination und Gleichgewichtssinn.

Die Arbeit auf einer Ski-Maschine in der Halle ist nicht so aerob wie das Skifahren im Freien. Sie könnten es auch ein wenig langweilig finden. Andererseits muß natürlich genügend Schnee liegen, wenn Sie an der frischen Luft laufen wollen.

Schwimmen

Ich persönlich halte das Schwimmen nur für gemäßigt aerob. Im großen und ganzen ist es für den Körper wenig belastend. Schwimmen kann angenehm sein, Spaß machen und erfrischen. Ich persönlich liebe es. Aber als Alternativaktivität geht es kaum durch.

Die Minuspunkte: Die kühle Wassertemperatur verhindert, daß Ihr Körper sich so sehr erwärmt wie bei anderem Training. Das wiederum schränkt die Wirkung auf den Stoffwechsel ein.

Schwimmen wirkt sich möglicherweise auch auf Ihren Appetit aus. Die meisten Triathleten werden Ihnen erzählen, daß sie an den Tagen, an denen sie laufen oder radfahren, stundenlang keinen Hunger verspüren. An Schwimmtagen jedoch möchten sie am liebsten essen, sobald sie den Pool

verlassen. Auch wenn es noch nicht wissenschaftlich belegt ist, sind einige Sportphysiologen – unter anderen auch ich – der Ansicht, daß eine erhöhte Körpertemperatur den Appetit unterdrückt. Beim Schwimmen wird Ihre Körpertemperatur nicht deutlich gesteigert. Denken Sie nur einmal daran, wie es ist, wenn Sie Fieber haben; Sie werden kaum großen Appetit haben. Das Prinzip ist dasselbe.

Der zweite Nachteil des Schwimmens hängt mit dem Körperfett zusammen. Je mehr Fett Sie mit sich herumschleppen, desto leichter bleiben Sie an der Oberfläche und desto weniger arbeiten Sie.

Aufgrund dieser Nachteile bin ich der Meinung, daß Sie das Schwimmen nur gelegentlich als Alternativübung heranziehen sollten. Es stellt jedoch eine ausgezeichnete Übung dar, wenn Sie sich gerade von einer orthopädischen Verletzung erholen.

Ein paar Worte zum Freizeitsport

Sie fragen sich vielleicht, was es mit Sportarten wie Tennis, Hand- und Basketball auf sich hat. Sie dienen der Erholung. Sie sollten nicht Teil Ihres

Workout-Programms sein. Jeder Sport hat Aktiv- und Ruhephasen. Die Ruhephasen durchbrechen den kontinuierlichen Fluß der aeroben Aktivität.

Ihre Workouts werden es Ihnen ermöglichen, auf einem höheren Niveau an diesen Sportarten teilzunehmen. Also viel Spaß damit, aber vergessen Sie darüber Ihr Workout-Programm nicht!

Stretching

Stretching ist das ungeliebte Kind der Fitneß. Oprah gibt sich größte Mühe, diesen Bereich zu überspringen. Dabei fallen ihr die tollsten Ausreden ein. Ich wünschte, ich hätte genaue Zahlen darüber, wie viele Sportler tatsächlich ihre Dehnübungen machen. Ich schätze, es sind unter 30 Prozent.

Trotzdem hoffe ich, Sie von der Notwendigkeit des Stretchings überzeugen zu können. Die Erfahrung läßt vermuten, daß Stretching das Risiko verletzter Muskeln, Bänder und Gelenke ebenso herabsetzt, wie es Ihre sportliche Leistung verbessert. Außerdem trägt es dazu bei, sich zu entspannen und seelisch auf die Übungen einzustellen. Und wenn Sie sich erst einmal daran gewöhnt haben, verleiht es Ihnen wirklich ein gutes Gefühl!

Die Technik des Stretching hat sich im Laufe der Jahre weiterentwickelt. Vor ein paar Jahrzehnten wurden die Dehnübungen noch »ballistisch« durchgeführt (man sprang auf und ab). Dann stellte man fest, daß das ebenso viele Probleme schuf, wie es löste. Als nächstes wurde eine statische Methode eingeführt. Dabei halten Sie die Dehnung für einen Zeitraum von 15 Sekunden bis zwei Minuten. Diese Technik gilt noch immer als Standard und ist auch recht effektiv.

Ich ziehe es jedoch vor, die statische Methode noch zu verfeinern. Das heißt, daß man eine Dehnung eine bis vier Sekunden hält, dann für zwei bis sechs Sekunden lockert und anschließend erneut für eine bis vier Sekunden dehnt. Dieses Muster wird für jede Dehnung insgesamt etwa zwei Minuten lang durchgeführt. Ich halte dies für die bestmögliche Variante.

Jeder Fitneßexperte hat eine etwas andere Einstellung dem Stretching gegenüber, aber das Anliegen bleibt dasselbe: *Stretchen, ehe Sie turnen!*

Ich persönlich schlage folgendes vor:

Wärmen Sie sich immer auf, ehe Sie Dehnübungen machen. Dazu gehen oder marschieren Sie, bis Ihnen warm wird. Anschließend dehnen Sie jede Hauptmuskelgruppe, wobei Sie abwechselnd dehnen und lockerlassen. Beachten Sie hierzu die Illustrationen auf den folgenden Seiten.

Schritt eins

Halten Sie jede Dehnung eine bis vier Sekunden, entspannen Sie zwei bis sechs Sekunden, dehnen und halten Sie erneut für eine bis vier Sekunden. Jede Dehnungsübung führen Sie ungefähr zwei Minuten lang aus. Machen Sie vor jeder Übungsstunde fünf bis zehn Minuten lang Dehnungsübungen, ebenso nach dem Workout. Springen Sie nicht. Atmen Sie gleichmäßig, während Sie die Dehnübungen ausführen.

Zu den empfohlenen Dehnübungen gehören:

Legen Sie sich auf den Rücken, beugen Sie ein Bein und stellen Sie den Fuß flach auf den Boden. Heben Sie nun das andere Bein gestreckt nach oben, helfen Sie notfalls mit den Händen oder einem Handtuch nach, bis Sie ein leichtes Ziehen in der Kniekehle verspüren. Wiederholen Sie die Übung mit dem anderen Bein.

Während Sie auf dem Rücken liegen, umfassen Sie mit beiden Händen Ihr Bein direkt oberhalb vom Knie. Dann ziehen Sie es sanft zur Brust. Das andere Bein bleibt flach am Boden liegen. Wiederholen Sie die Übung mit dem anderen Bein.

Während Sie auf dem Rücken liegen, umfassen Sie beide Beine auf der Rückseite, gleich oberhalb der Knie, und ziehen sie zur Brust.

Setzen Sie sich auf den Boden, legen Sie die Fußsohlen aneinander und lassen Sie die Knie zu Boden sinken. Nun ziehen Sie vorsichtig die Füße zu sich heran, bis Sie eine leichte Spannung auf der Innenseite Ihrer Schenkel und in den Lenden spüren. Wenn Sie beweglicher werden, können Sie sich bei dieser Übung auch vorbeugen.

Halten Sie sich an etwas fest, umfassen Sie Ihren Knöchel, und beugen Sie Ihr Bein hinter sich; ziehen Sie nun die Ferse nach oben, bis Sie eine leichte Spannung auf der Vorderseite Ihres Schenkels verspüren. Je näher Sie die Ferse an Ihr Gesäß bringen können, desto gelenkiger sind Sie. Achten Sie darauf, daß Sie das andere Bein bei dieser Übung leicht beugen und die Knie eine Parallele bilden. Wiederholen Sie die Übung nun mit dem anderen Bein.

Halten Sie sich mit einer Hand fest, legen Sie nun die andere Hand in die Hüfte. Strecken Sie ein Bein gerade hinter sich, mit der Ferse am Boden. Das andere Bein ist gebeugt, wobei sich das Knie genau über dem dazugehörigen Fuß befindet (nicht davor!). Sie sollten die Dehnung in der oberen Hälfte der Wade des nach hinten gestreckten Beines spüren. Ist das nicht der Fall, setzen Sie das vordere Bein (also das gebeugte) ein Stück weiter vor. Sie sollten auch hier wieder ein leichtes Ziehen verspüren. Achten Sie darauf, daß der Rücken gerade bleibt. Wiederholen Sie die Übung mit dem anderen Bein.

Abbildung linke Seite oben: Halten Sie sich mit einer Hand fest, legen Sie die andere Hand in die Hüfte. Ein Fuß steht ein wenig vor dem anderen, die Knie sind gebeugt. Bringen Sie jetzt die Hüften langsam zu Boden, wobei beide Fersen am Boden bleiben. Sie sollten das Ziehen im unteren Teil der Wade des hinteren Beines spüren. Der Rücken bleibt gerade. Wiederholen Sie die Übung mit dem anderen Bein.

Abbildung linke Seite unten: Halten Sie sich mit einer Hand fest, legen Sie die andere Hand in die Hüfte, Kopf, Hals, Schultern, Rücken und Hüften bilden eine Linie. Gehen Sie langsam und mit geradem Rücken zu Boden, wobei ein Bein vorn, das andere hinten steht. Das Knie des vorderen Beines sollte eine Linie mit dem Knöchel des vorderen Beines bilden – und nicht darüber hinausragen. Die Spannung sollte in der Hüfte des rückwärtigen Beines zu spüren sein. Sie können die Dehnung noch verstärken, indem Sie Ihre Hüften leicht nach vorn kippen. Wiederholen Sie es mit der anderen Seite.

Zum Dehnen des Oberkörpers stellen Sie sich aufrecht, Kopf, Schultern und Hüften bilden eine Linie, während Sie die Hände auf dem Rücken verschränken. Die Knie sollten leicht gebeugt sein. Strecken Sie jetzt die Hände Richtung Decke, bis Sie eine leichte Spannung in den Schultern und der Brust spüren. Vergleichen Sie hierzu die Abbildung auf der folgenden Seite.

Aufwärmen und abkühlen

Es ist sehr wichtig, sich vor den Übungen aufzuwärmen und anschließend abzukühlen. Die Aufwärmübungen veranlassen den Körper, sich allmählich auf die härteren Aufgaben des Workout einzustellen, die Sie ausüben wollen, während die Abkühlübungen es Ihrem Körper erlauben, allmählich wieder zum Normalzustand zurückzukehren. Sie werden feststellen, daß sich das Aufwärmprogramm, das ich hier beschreibe, von dem kurzen Aufwärmen unterscheidet, das Sie vor dem Stretching durchführen sollten. Jeweils drei bis fünf Minuten für die Aufwärm- bzw. Abkühlübungen sind vollkommen ausreichend.

Ich weiß, was Sie jetzt denken. Das hört sich nach einer Menge Arbeit an. Ich verlange von Ihnen, daß Sie sich vor den Dehnübungen aufwärmen, dann das Stretchingprogramm durchführen, sich erneut aufwärmen, Ihre Übungen ausführen, abkühlen, erneut stretchen. Nun, es ist wirklich eine

Menge. Aber nach einer Weile werden all diese Dinge Bestandteil Ihrer täglichen Routine werden. Sie geben Ihnen die Zeit, sich geistig vorzubereiten, auf Ihre Workoutübungen zu konzentrieren und darüber nachzudenken. Und allmählich werden Sie wirklich das Gefühl haben, etwas für Ihren Körper zu tun.

Um sich aufzuwärmen und später abzukühlen, tun Sie am besten genau das, was Sie im späteren Intensivtraining auch tun, nur weniger intensiv. Wenn Sie beispielsweise 20 Minuten powerwalken wollen, fangen Sie einfach damit an, fünf Minuten gemütlich zu gehen. Danach wechseln Sie für Ihr 20minütiges Workoutprogramm zu einem schnelleren Tempo, und wenn Sie fertig sind, kühlen Sie sich ab, indem Sie wieder in derselben Geschwindigkeit gehen wie beim Aufwärmen. Dasselbe gilt für Jogging und Treppensteigen. Manche Step-Maschinen haben in ihrem Programm sogar schon eine Aufwärm- und Abkühlphase integriert. Auch die meisten Aerobic-Kurse beinhalten das Aufwärmen und Abkühlen (sowie die Dehnübungen).

Noch etwas: Stretching, Aufwärm- und Abkühlphase zählen *nicht* zu Ihrer Übungszeit von 20 bis 60 Minuten! Wir werden unter Schritt drei noch näher auf die Zeit eingehen, die Sie für Ihre Übungen aufwenden sollten. Aber jetzt wollen wir uns erst einmal damit befassen, wie hart Sie arbeiten sollten.

TIPS

➤ Machen Sie die Übungen zu einem festen Bestandteil Ihres Tages – genauso wie das Zähneputzen.

➤ Legen Sie Ihre Sportkleidung am Vorabend heraus, vielleicht stellen Sie sogar die Schuhe schon neben die Tür, damit Sie am Morgen vorbereitet und motiviert sind.

➤ Trainieren Sie mit Freunden und Nachbarn; vielleicht können Sie sogar eine Workoutgruppe organisieren. Aber sorgen Sie dafür, daß Sie in Ihrer eigenen Geschwindigkeit trainieren.

➤ Suchen Sie nach Mitteln und Wegen, Ihre Workouts so angenehm wie möglich zu gestalten. Musikhören eignet sich hervorragend. Wenn Sie während der Übungen fernsehen oder lesen wollen, vergewissern Sie sich, daß Ihre Intensität nicht nachläßt.

Schritt zwei

Und bitte mit der richtigen Intensität

Schritt zwei

Ich hatte immer gedacht, es würde ausreichen, einfach jeden Tag zum Workout zu erscheinen. Stimmt aber nicht. Es kommt darauf an, was man macht und wie intensiv. Davon hängt es ab, ob man abnimmt oder nicht. Der Schlüssel zum Erfolg ist das Training im richtigen Bereich. Wann immer ich ein Workoutprogramm angefangen und dann wieder aufgegeben hatte, war ich zwar erschienen, hatte aber kaum jemals geschwitzt. So erzählte ich Bob, als ich das Training mit ihm anfing, daß ich einfach nicht schwitzen könne und deshalb ganz anders sei als die Menschen, denen er bisher geholfen hatte. Ich erklärte ihm, ich könne eine Stunde lang trainieren, ohne auch nur einen einzigen Tropfen Schweiß zu vergießen. »Es kommt nicht nur auf die Zeitspanne an. Viel wichtiger ist die Intensität, mit der Sie trainieren«, erwiderte er. »O nein, das hängt mit meinen Genen zusammen. Ich glaube, mir fehlt das Schweiß-Gen!« widersprach ich. »Jeder schwitzt, wenn er trainiert und hart genug arbeitet. Sie werden auch schwitzen«, versicherte er mir.

Und er hatte recht. Heute brauche ich ein Badehandtuch, um nach dem Training den Schweiß abzutrocknen. Wenn man den richtigen Bereich trifft, schwitzt man. Und man schwitzt mehr, wenn man in besserer Verfassung ist. Und je besser Ihre Verfassung ist, desto mehr Fett verbrennt Ihr Körper.

Meine früheren Erfahrungen waren immer so gewesen, daß ich eine Weile im richtigen Bereich blieb, wenn ich ihn erreicht hatte, und dann langsamer weitermachte. Der Erfolg kommt, wenn man dabeibleibt.

Das kann anfangs anstrengend sein, ist aber die Mühe wert. Ich habe folgende Erfahrung gemacht: Je härter man trainiert, desto leichter ist es, hart zu trainieren.

– Oprah

Viele Leute geben ihre Übungen auf, weil sie kein Ergebnis sehen. Dabei trainieren sie jeden Tag, führen die richtigen Übungen aus, nehmen vielleicht sogar ein bißchen ab. Aber dann stagniert ihr Gewicht, und sie können es nicht weiter senken. Das ist sehr entmutigend, besonders, wenn man fast alles richtig macht. Hören Sie nicht mit dem Training auf. Das sportliche Training ist wichtig, um Ihren Stoffwechsel nachhaltig zu verändern. Es ist wichtig, damit Sie fit werden und sich von Ihrem Übergewicht befreien. Aber wie kommt es, daß Sie trainieren und dabei doch nicht abnehmen? Weil Sie nicht im »richtigen Bereich« trainieren. Es ist wichtig, wie lange Sie trainieren, aber noch wichtiger ist, wie hart Sie trainieren. Wenn Sie es nicht mit der

richtigen Intensität tun, werden Sie nicht viel abnehmen, ganz gleich, wie lange Ihr tägliches Training dauert. Sie werden zwar nicht zunehmen, aber abnehmen eben auch nicht.

Eines der besten Beispiele dafür ist ein Klient, mit dem ich einen Sommer lang gearbeitet habe. Don hatte in den beiden vorangegangenen Jahren mit einem Trainer Sport getrieben. Er war eigentlich recht fit und ernährte sich gesund, aber trotzdem hatte er noch immer diese zehn Pfund zuviel, größtenteils um den Bauch herum, und er schien sie einfach nicht loswerden zu können. Er und sein Trainer hatten nicht vor, in diesem Sommer zusammenzuarbeiten, und er lud mich zu ihrer letzten gemeinsamen Stunde ein, damit ich sah, was sie getan hatten. Er wärmte sich auf, dehnte sich, hob Gewichte, lief 45 Minuten lang auf dem Laufband und kühlte sich ab. Alles in allem ein ganz gutes Programm. Ganz gut, abgesehen davon, daß er sich mit seinem Trainer unterhielt, herumalberte und lachte, während er auf dem Laufband lief. Er atmete kaum schneller als im Ruhezustand, und ich bin mir nicht sicher, ob ich auch nur einen einzigen Schweißtropfen auf seiner Stirn gesehen habe. Er arbeitete nicht mit der richtigen Intensität. Er war nicht in der »Zone«.

Schon in meiner ersten Trainingsstunde mit ihm änderte sich das. Ich verkürzte seine Zeit auf 20 Minuten und zeigte ihm, wie er die Intensität seines Workout bestimmen konnte. Am Ende der dritten Woche hatte er sich auf 30 Minuten im richtigen Bereich gesteigert und acht Pfund abgenommen. Nach vier Wochen war sein Zielgewicht erreicht. Er ist 42 und hat seit der High School nicht mehr sowenig gewogen. Seine gesamte Garderobe mußte er sich ändern lassen.

Vergessen Sie nicht, daß es möglich ist, alle neun anderen Schritte richtig auszuführen und dennoch nicht abzunehmen, wenn Sie nicht intensiv genug trainieren.

Es ist von großer Bedeutung, daß Sie diesen Punkt verstehen, und die Informationen dieses Kapitels sind äußerst wichtig für Ihren Abmagerungsprozeß. Ich bitte Sie, dieses Kapitel zweimal zu lesen, wenn Sie es beim ersten Mal nicht richtig verstehen. Es geht hier nämlich um das Erlernen einer neuen Fähigkeit.

Dieses und das folgende Kapitel gehören zusammen. Schritt zwei hat mit der Intensität zu tun, mit der Sie trainieren. Schritt drei mit der Zeit, die Sie für Ihr Training aufwenden.

Alles hängt von der Intensität ab

Jahrelang hat man uns erzählt, wir müßten länger, aber dafür langsamer trainieren, um die Fettdepots zu verbrennen. Manche glauben es immer noch, was zum Teil daran liegt, daß Labortests zeigen, daß man einen höheren Prozentsatz an abgelagertem Fett (im Gegensatz zu Kohlenhydraten) verbrennt, wenn man im unteren Bereich trainiert (bei 50 bis 70 Prozent Ihrer maximalen Kapazität). Wenn Sie die Intensität steigern, fängt der Körper an, einen höheren Prozentsatz an Kohlenhydraten zu verbrennen. Das stimmt schon.

Die logische Schlußfolgerung könnte sein, Ihre Trainingsintensität auf unter 70 Prozent des Höchstmöglichen zu verringern, weil Sie ja schließlich Fett verbrennen wollen. Für diejenigen unter uns, die es nicht vorziehen, etwas intensiver zu trainieren – und das tun wir ja wohl alle –, macht das wahrscheinlich eine Menge Sinn. Aber es ist einfach falsch.

Die Wahrheit ist: Energie ist Energie. Es kommt nicht unbedingt darauf an, welchen Treibstoff Sie in den 20 bis 60 Minuten Ihrer Übungen verbrennen. Es geht vielmehr darum, den Stoffwechsel in den 20 bis 60 Minuten Ihres Trainings und auch noch in den Stunden danach anzukurbeln. Übungen mit nur geringer Intensität unterstützen den Stoffwechsel nicht sonderlich. Ein etwas intensiveres Training schon. Und wenn Sie Ihren Stoffwechsel ankurbeln, wird Ihr Set-point reduziert, und Sie verlieren Fett.

Sogar die Kalorien, die Sie während Ihrer Übungen verbrauchen, verlieren irgendwie an Bedeutung. Wichtig ist die Geschwindigkeit, mit der Sie Kalorien verbrennen, sowohl während Ihrer Trainingsstunde als auch in den anderen 23,5 Stunden eines jeden Tages!

Lassen Sie es mich so sagen: Wie viele Golfspieler kennen Sie, die an drei, vier oder sogar fünf Tagen der Woche über den Golfparcours schlendern, vier oder fünf Stunden lang? Wenn Sie gehen, anstatt in einem Golfkarren zu fahren, verbrennen Sie in jeder Runde eine Menge Kalorien. Aber ich muß Ihnen wohl nicht erst erzählen, daß viele dieser Golfer einen Rettungsring um die Mitte tragen. Andererseits: Wie viele Läufer sieht man, die einen solchen Rettungsring tragen? Nur verhältnismäßig wenige.

Das kommt, weil man viel härter arbeitet, wenn man läuft, als wenn man über den Golfplatz schlendert. Es ist viel intensiver. Wenn Sie fünf Stunden locker spazierengehen, verbrennen Sie mehr Kalorien, als wenn Sie 30 Minuten joggen. Aber lassen Sie sich nicht täuschen. Das wichtigste sind nicht die Kalorien, die Sie während einer Sportstunde verbrennen. Das wichtigste ist die Veränderung Ihres Stoffwechsels. Wenn Sie Ihren Stoffwechsel ändern, ändern Sie damit auch Ihr Gewicht.

Oprah ist es gelungen, ihr Zielgewicht zu erreichen, weil Sie sich richtig ernährt und trainiert hat. Sie hat die Schritte angewandt, die auch Sie gerade lernen. Als sie ihr Zielgewicht zum ersten Mal erreichte, hat sie eine Fernsehsendung darüber gemacht. Zu jener Zeit lief sie eine Meile (1,6 km) in etwa acht Minuten. (Was nicht heißt, daß Sie in diesem Tempo laufen müssen, um Ihr Zielgewicht zu erreichen!) Das zeigt die Intensität, mit der sie trainieren mußte, um ihr Gewicht zu halten. Dann beschloß sie, den Marine

Corps Marathon mitzulaufen. Um dazu in der Lage zu sein, mußte sie lernen, mehr Meilen zu laufen. Es war unmöglich, auf dieser längeren Strecke ihr Tempo von acht Minuten pro Meile zu halten. Sie mußte ihre Intensität auf 9,5 Minuten pro Meile herunterschrauben. Sie war überrascht, was dann geschah. Ihr Gewicht ging nach oben. Auch wenn es nur vier oder fünf Pfund waren, war eines doch ganz klar: Oprah mußte auf einem relativ hohen Intensitätsniveau trainieren, um abzunehmen oder auch nur ihr Gewicht zu halten. An manchen Tagen lief sie über drei Stunden, aber sie erreichte nie wieder das Intensitätsniveau, das sie benötigte, um diese zusätzlichen Pfunde abzuschütteln. Mit anderen Worten, sie rannte länger, verbrannte insgesamt mehr Kalorien, aber die Rate, mit der sie diese Kalorien verbrannte, war langsamer, und zwar sowohl während des Trainings als auch während der übrigen Stunden des Tages. Deshalb nahm sie zu, sogar während sie für einen Marathon trainierte.

Vergessen Sie nicht, daß Oprah einen Marathonlauf bestritt, um ein persönliches Ziel zu erreichen. Das extreme Training, das für einen Marathon erforderlich ist, war nicht nötig, um abzunehmen. Wenn sie an sechs oder sieben Tagen pro Woche 45 bis 60 Minuten lang im richtigen Bereich trainiert und all die anderen Schritte befolgt, kann sie ihr Wunschgewicht halten. Aber das gilt nur für sie! Für die meisten anderen Menschen genügt weit weniger Training, um ihr Zielgewicht zu erreichen und zu halten.

Wie Sie die Zone bestimmen

Aber wie finden Sie nun Ihre »Zone«? Anders gefragt: Mit welcher Intensität sollten Sie trainieren, um Ihren Stoffwechsel zu verändern? Die Trainingsintensität wird seit Jahren in Prozent Ihrer maximalen Herzfrequenz ausgedrückt. Zum besseren Verständnis halte ich mich auch daran, werde Ihnen darüber hinaus aber auch zeigen, wie Sie Ihre Trainingsintensität subjektiv messen können, weil ich der Meinung bin, daß diese Methode für die meisten am praktischsten ist. Meines Erachtens sollten Sie im Bereich von 70 bis 80 Prozent Ihrer maximalen Herzfrequenz trainieren (sieben oder acht auf der Bewertungsskala). Damit Sie das richtig verstehen, brauchen Sie folgende Informationen:

Ihr Herzrhythmus spiegelt die Geschwindigkeit wider, mit der Ihr Körper Sauerstoff verbraucht und Kalorien verbrennt (Stoffwechsel). Je mehr Sauerstoff Ihr Körper benötigt, desto mehr Kalorien verbrennen Sie. Aber denken Sie daran, daß es auf die Geschwindigkeit ankommt, mit der Sie die Kalorien verbrennen, nicht so sehr auf die Menge. Um den Sauerstoffverbrauch zu schätzen, richten wir uns häufig nach der Herzfrequenz, also nach der Anzahl von Herzschlägen pro Minute.

Wenn Sie sich für Sport interessieren, werden Sie die Ausdrücke »Herzfrequenz« und »Wettkampfherzfrequenz« vielleicht schon kennen. Lassen Sie mich erklären, wie wir dazu gekommen sind, die Übungsintensität mit Hilfe des Herzrhythmus zu messen. Auch einige der Probleme, die diese Methode mit sich bringt, sollen nicht unerwähnt bleiben.

Pulsmessen während des Trainings ist durchaus geeignet, um festzustellen, wie hart Sie trainieren. Ich persönlich halte diese Methode jedoch nicht für optimal, weil auch eine Reihe anderer Faktoren Ihren Puls beschleunigen kann, wie beispielsweise Gefühle, Gedanken, Gewichtsbelastung, die Umgebung, sogar Koffein. Außerdem müssen Sie Ihr Training jedesmal unterbrechen, wenn Sie den Puls messen. Trotzdem ziehen Profisportler von jeher den Puls heran, um die Intensität ihres Trainings zu überwachen. Sie geben Ihnen eine »Wettkampfherzfrequenz« vor, die auf einem bestimmten Prozentsatz Ihrer Maximalen Herzfrequenz beruht. Und da fängt das Problem auch schon an.

Um Ihre Wettkampfherzfrequenz zu berechnen, müssen Sie Ihre Maximale Herzfrequenz kennen. Um diese exakt zu bemessen, müssen Sie einen Test auf dem Laufband oder Fahrrad machen, bei dem Sie gehen oder fahren, bis sie fast umfallen. Hört sich toll an, was?

Um Ihnen die Unannehmlichkeiten dieses Belastungstestes zu ersparen, greift man auf eine Formel zurück (220 minus Lebensalter in Jahren), um Ihre Maximale Herzfrequenz zu bestimmen. Um nun Ihre Wettkampfherzfrequenz oder das Intensitätsniveau, auf dem Sie arbeiten sollten, zu berechnen, müssen Sie einen gewissen Prozentsatz Ihrer Maximalen Herzfrequenz nehmen. Dieser liegt für gewöhnlich zwischen 50 und 85. Es hängt ganz von der Philosophie desjenigen ab, der die Berechnung vornimmt.

Ich persönlich glaube, daß unterhalb von 70 Prozent nichts die Ergebnisse bringen wird, die wir erzielen möchten. Das, was ich den richtigen »Bereich« oder die »Zone« nenne, liegt zwischen 70 und 80 Prozent. Sie sollen lernen, in dieser Intensität zu trainieren, die ich auch als den »Ergebnisbereich« bezeichne, denn wenn Sie regelmäßig mit dieser Intensität trainieren, *werden* Sie Ergebnisse erzielen. Es kann Zeiten geben, in denen Sie nicht in diesem Bereich trainieren können. Das ist manchmal in Ordnung. Eine Intensität von 60 bis 70 bezeichne ich als »erhaltenden Bereich«. Unterhalb von 60 Prozent gibt es für mich nur noch den »Zeitverschwendungsbereich«. Es gibt

Leute, die trainieren im Bereich zwischen 80 und 90 Prozent. Davon würde ich Anfängern oder Leuten mit durchschnittlicher Kondition jedoch abraten – es ist eher etwas für durchtrainierte Sportler und fällt für das gesamte Training selbst denen schwer. Noch einmal: Wenn ich von der »Zone« spreche, meine ich eine Beanspruchung von zwischen 70 und 80 Prozent Ihrer Maximalen Herzfrequenz.

Wenn all diese Zahlen und Werte Sie verwirren, so stehen Sie damit nicht allein. Sie sind nicht nur verwirrend, sie sind darüber hinaus auch ungenau. Die Gleichung, nach der Ihre Maximale Herzsfrequenz berechnet wird, ist beispielsweise nur für einen kleinen Prozentsatz der Bevölkerung exakt gültig.

Wenn Sie Ihre Wettkampfherzfrequenz errechnet haben, kann es fast unmöglich sein, sie während des Trainings zu überprüfen. Einige von Ihnen wissen aus Erfahrung, wie schwierig es sein kann, während des Workout eine Pause einzulegen, den Puls zu suchen und die Anzahl der Herzschläge pro zehn Sekunden zu zählen. Man schätzt, daß 15 Prozent der Menschen ihren Puls überhaupt nicht finden – und das halte ich noch für untertrieben.

Aufgrund all dieser Probleme möchte ich Ihnen eine andere Methode vorschlagen, muß aber hinzufügen, daß es kein hundertprozentiges Mittel gibt, die Trainingsintensität zu überwachen.

Vor ein paar Jahren hat ein Wissenschaftler namens Gunnar Borg eine subjektive Skala entwickelt, mit deren Hilfe Sie ermitteln können, wie hart Sie trainieren. Die Skala reicht von 6 bis 20 und soll bestimmen, wie intensiv man zu trainieren glaubte. Borgs Idee war vom Ansatz her gut, aber die Zahlen schienen die Leute zu verwirren, und seine Beschreibung dessen, was sie jeweils verkörperten, war ein wenig ungenau.

Borgs Skala wurde später abgewandelt und umfaßt jetzt die Spanne von 0 bis 10. Sie beruht auf dem subjektiven Empfinden von Erschöpfung. 0 würde hiernach bedeuten, daß Sie sich so gut wie gar nicht angestrengt haben. 10 würde für völlige Erschöpfung stehen.

Mir gefällt diese modifizierte Skala ganz gut. Ich möchte jedoch ein wenig mehr ins Detail gehen, was Ihre Gefühle auf jeder Stufe angeht. Deshalb habe ich die Skala selbst ein wenig abgeändert. Ich denke, die Atmung ist einer der besten Indikatoren dafür, wie hart Sie trainieren. Ich gebe deshalb für jede Zahl im Detail an, was Sie empfinden und wie Ihre Atmung auf jeder einzelnen Stufe aussieht.

Ich verwende diese Skala bei all meinen Klienten, und sie funktioniert. Sie müssen sich daran gewöhnen, werden aber auch gut mit ihr klarkommen, wenn Sie sich erst einmal Ihres Körpers und seiner Empfindungen bewußt sind. Wenn Sie Menschen beobachten, die regelmäßig trainieren, oder auch durchtrainierte Sportler, so werden Sie feststellen, daß nur sehr wenige von ihnen den Puls fühlen, um festzustellen, ob sie in dem Bereich arbeiten, in dem ihr Herz die gewünschte Anzahl von Schlägen produziert. Sie sind so im Einklang mit ihrem Körper, daß sie instinktiv wissen, wie effektiv sie trainieren. Auch Sie können das lernen.

Ehe ich nun diese Skala beschreibe, möchte ich noch ein paar Probleme erwähnen. Sie könnten zu den zehn Prozent von Menschen gehören, die Schwierigkeiten damit haben, ihr Training subjektiv zu beurteilen. Für Sie ist es dann schwer abzuschätzen, wie hart Sie arbeiten. Das macht nichts. Verwenden Sie einfach die Herzschlagmethode. Dann gibt es unter Ihnen einige, die bestimmte Krankheiten haben, die sich verschlimmern, wenn Sie über eine gewisse Herzfrequenz hinausgehen. Sie müssen sich genau beobachten. Ihr Hausarzt kann Ihnen den für Sie richtigen Puls nennen. Außerdem können Sie noch eine Kombination der beiden Methoden einsetzen.

Lassen Sie uns jetzt einen Blick auf die Skala und das Niveau werfen, auf dem Sie trainieren sollten.

Ich möchte, daß Sie sich eine Skala von 0 bis 10 vorstellen.

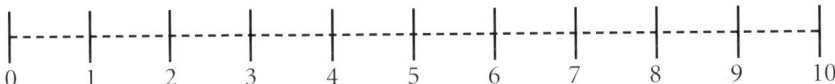

Was Sie auf jedem einzelnen Niveau empfinden, ist unten aufgeführt.

0   Dieses Gefühl haben Sie im Ruhezustand. Sie sind nicht müde oder gar erschöpft. Ihr Atem geht nicht schneller. Dieses Gefühl werden Sie beim Sport niemals haben.

1   Dieses Gefühl bekommen Sie, wenn Sie am Schreibtisch arbeiten oder lesen. Es ist kein Gefühl von Müdigkeit. Ihr Atem geht nicht schneller.

2   Dieses Gefühl haben Sie vielleicht, wenn Sie sich ankleiden. Es belastet Sie nichts. Ihr Atem geht nicht schneller. Dieses niedrige Niveau werden Sie nur selten beim Sport erleben.

3 So könnten Sie empfinden, wenn Sie langsam durchs Zimmer gehen, um den Fernseher einzuschalten. Es gibt kaum ein Gefühl von Müdigkeit. Sie werden sich vielleicht Ihres Atems bewußt, aber er fließt langsam und natürlich. Dieses Empfinden könnte direkt zu Beginn einer Trainingsrunde aufkommen.

4 So fühlen Sie sich vermutlich, wenn Sie langsam im Freien spazierengehen. Ein leichtes Gefühl von Müdigkeit stellt sich ein. Ihr Atem geht ein wenig schneller, aber das ist angenehm. Dieses Niveau sollten Sie in den Anfangsstadien Ihres Aufwärmprogramms erreichen.

5 Dieses Gefühl könnten Sie bekommen, wenn Sie schnell zum Einkaufen gehen. Leichte Erschöpfung tritt ein. Sie spüren Ihren Atem deutlicher als auf Stufe 4. Dieses Niveau sollten Sie am Ende Ihres Aufwärmprogramms erreichen.

6 Dieses Gefühl könnten Sie erleben, wenn Sie zu spät zu einer Verabredung kommen. Sie verspüren zwar Müdigkeit, wissen aber, daß Sie dieses Tempo halten können. Sie atmen tiefer und sind sich dessen bewußt. Dieses Niveau sollten Sie während des Übergangs vom Warm-up zum Training ebenso erreichen wie in der Eingangsphase, wenn Sie lernen, auf einem Niveau von sieben oder acht zu trainieren.

7 Dieses Gefühl könnte eintreten, wenn Sie heftig trainieren. Eine gewisse Erschöpfung ist nicht zu verkennen, Sie sind sich aber sicher, dieses Niveau für den Rest Ihrer Trainingsstunde halten zu können. Sie atmen tief durch und sind sich dessen deutlich bewußt. Sie könnten sich unterhalten, verzichten aber lieber darauf. Das ist das Mindestniveau, welches Sie in Ihren Trainingsstunden erreichen und beibehalten sollten.

8 Dieses Gefühl müßte bei intensivem Training aufkommen. Sie verspüren ganz deutliche Erschöpfung, und wenn Sie sich fragen, ob Sie in diesem Tempo bis zum Ende Ihrer Trainingsstunde weitermachen können, sind Sie sich nicht hundertprozentig sicher. Sie atmen sehr tief, Sie können sich noch immer unterhalten, haben aber keine Lust dazu. Dieses Gefühl sollten Sie nur anstreben, wenn Sie sich mit dem Training auf Stufe sieben ganz wohl fühlen und bereit sind, sich zu steigern. Dieses Niveau bringt schnelle Ergebnisse, aber Sie müssen lernen,

wie Sie es halten können. Das Training auf diesem Niveau fällt vielen schwer.

9   Dieses Gefühl könnten Sie kennenlernen, wenn Sie sich beim Training verausgaben. Sie wären dann sehr erschöpft, und wenn Sie sich fragten, ob Sie für den Rest Ihrer Trainingszeit in dieser Intensität weitertrainieren könnten, müßten Sie wahrscheinlich verneinen. Sie atmen angestrengt, und es wäre sehr schwer, sich zu unterhalten. Dieses Gefühl können Sie auch vorübergehend bekommen, wenn Sie versuchen, das Niveau 8 zu erreichen. Auf diesem Niveau trainieren viele Sportler, und es fällt Ihnen schwer. Sie sollten nicht routinemäßig auf dem Niveau 9 arbeiten und einen Gang zurückschalten, wenn Sie dieses Gefühl bekommen.

10   Dieses Gefühl sollten Sie gar nicht kennenlernen. Dieses Niveau kann nicht sehr lange durchgehalten werden, und es bringt nichts, es zu erreichen.

Nehmen Sie sich Zeit, und lernen Sie jedes Niveau kennen. Denken Sie daran, daß es Ihr Ziel ist, bei Ihrem Training die Stufe 7 oder 8 zu erreichen. Stufe 7 entspricht ungefähr 70 Prozent Ihrer maximalen Herzfrequenz, während Stufe 8 etwa 80 Prozent entspricht.

Stufe sieben oder acht

Jeder kann auf dem Niveau von Stufe sieben trainieren. Es dauert vielleicht eine Weile, bis Sie es für das Minimum von 20 Minuten durchhalten, das verlangt wird, aber Sie werden sich schnell dorthin vorarbeiten. Wenn Sie anfangen, auf Stufe sieben zu trainieren, fühlen Sie sich vielleicht nicht ganz wohl. Aber das vergeht, wenn Sie das Niveau erst einmal einen Monat täglich durchgehend erreichen. Wenn Sie nicht durchgehend auf Stufe sieben trainieren können, fangen Sie mit sechs an und steigern sich für jeweils ein, zwei Minuten auf das Niveau sieben. Dehnen Sie diese Zeitspanne immer weiter aus, bis Sie sich schließlich ganz auf Stufe sieben bewegen. Für gewöhnlich trainieren alle, mit denen ich arbeite, nach ein, zwei Wochen mindestens 20 Minuten auf Stufe sieben. Es wäre gut, in den ersten Trainingsstunden mit einem qualifizierten Sporttrainer zu arbeiten.

Wie bereits erwähnt, begann ich meine sportwissenschaftliche Tätigkeit mit Herz-Kreislauf-Patienten, die sich von Infarkten und Herzoperationen erholten. Sie hatten gerade eine der schlimmsten Erfahrungen ihres Lebens hinter sich, und meine Aufgabe war es nun, sie gesund und in Form zu bringen.

Viele meiner Kollegen glaubten, daß wir es mit diesen Patienten langsam angehen lassen sollten, daß sie auf viel niedrigeren Stufen trainieren sollten als andere. Als ich diese Patienten aber beobachtete, fiel mir etwas auf. Manche fühlten sich wohl damit, auf diesen unteren Stufen zu trainieren, aber andere trieben sich selbst an, immer etwas mehr zu trainieren. Diejenigen, die härter trainierten, zeigten auch schnellere Fortschritte in der Heilung – sie nahmen ab, wurden fit, fingen an, sich gesünder zu ernähren, und hielten sich an das Programm, das ich für sie ausgearbeitet hatte. Diejenigen, die nicht so hart arbeiteten, sahen weniger Ergebnisse, wurden frustriert und schieden manchmal aus dem Programm aus. Diese Herzpatienten waren eindeutig in der Lage, auf einem gemäßigten Niveau zu trainieren – für ihre Verhältnisse. Vielleicht ist es für diese Menschen schon eine sportliche Leistung, wenn sie zum Briefkasten gehen. Aber wenn man sie nicht anhält, innerhalb des richtigen Bereichs zu arbeiten, tut man ihnen keinen Gefallen, denn dann unternehmen sie nur wenig, um ihre Kondition zu verbessern.

Das gilt auch für Menschen, die etwas für ihren Körper und ihre Fitneß tun wollen. Als ich anfing, mit Klienten zu arbeiten, die ihr Gewicht reduzieren wollten, stellte ich schon bald fest, daß diejenigen, die auch nur ein bißchen härter trainierten, schneller abnahmen und insgesamt mehr Erfolg hatten. Ich stellte auch fest, daß ich meine eigene Fitneß beträchtlich steigern konnte, wenn ich intensiver trainierte. Wenn Sie Ihren Körper antreiben, mehr zu tun, wird dieser darauf reagieren, indem er seine Kondition steigert. Aber bei all dem ist die Sicherheit das oberste Gebot. Ich habe Ihnen jetzt lang und breit erklärt, warum Sie auf einem Niveau von 70 Prozent und darüber trainieren sollten. Nun müssen Sie sich darüber klarwerden, daß Sie bei über 80 Prozent kaum noch zusätzlichen Gewinn erzielen, dafür aber ein sehr viel größeres Risiko eingehen. Also, bleiben Sie im angegebenen Bereich!

Stufe zwei: Training im richtigen Bereich

Vielleicht bemerken Sie, daß Ihre Stufe sieben anders aussieht als die Stufe sieben Ihrer Freundin, Ihres Partners oder als meine. Deshalb kann ein Herzpatient auf einer Stufe sieben trainieren und dasselbe hochwertige Ergebnis erzielen wie jemand, der abnehmen soll.

Was für Oprah Stufe acht ist, ist für mich Stufe fünf. Wenn ich mit ihr arbeite – wie ich es mit allen meinen Klienten tue –, muß ich immer noch zusätzlich trainieren. Eines Tages bat mich Oprah, nach der Sportstunde noch kurz mit ihr ins Büro zu kommen. »Mach ich«, versprach ich, »aber erst nach meinem Training.« Sie sah mich überrascht an. »Was meinst du damit? Wir sind gerade fünf Meilen gelaufen.« So höflich ich konnte, erklärte ich ihr, daß wir die fünf Meilen in ihrem Tempo und auf ihrem Intensitätsniveau gelaufen waren. Ich hatte mein Intensitätsniveau für diesen Tag noch nicht erreicht. Da sie sehr ehrgeizig ist, war sie ein wenig sauer und ging also ihre Show aufzeichnen. Danach sprang ich auf den Stepper und trainierte 20 Minuten lang auf meinem Niveau sieben.

An meinem eigenen Training änderte sich auch nichts, als ich Oprah auf den Marathon vorbereitete. Es gab Tage, an denen wir zehn, fünfzehn Meilen rannten. Aber ich schob immer noch 20 bis 30 Minuten Training in meinem eigenen Bereich nach, und zwar, weil ich – trotz der Meilen, die hinter uns lagen – immer noch auf *ihrer* Stufe sieben trainierte und somit nicht genug für meine eigene Fitneß und meinen Stoffwechsel tat.

Sie werden feststellen, daß Sie im Laufe der Zeit immer länger auf dem Niveau sieben trainieren können. Denken Sie nur einmal daran, daß Oprah am Anfang 17 Minuten für eine Meile (1,6 km) brauchte. Dabei arbeitete sie schon auf Stufe sieben. Sowie sie fitter wurde und ihr Körper besser trainiert war, veränderte sich das Training im Bereich sieben, danach joggte sie und brauchte weniger als neun Minuten für eine Meile. Der Bereich änderte sich nicht, sondern das, was Sie in diesem Bereich tun konnte.

Gelegentlich werden Sie Ihr Niveau steigern wollen. Wenn Ihr Gewicht stagniert und Sie sich stark genug fühlen, möchten Sie vielleicht an ein paar Tagen pro Woche auf Stufe acht trainieren. Oder Sie möchten für ein paar Minuten Ihres Trainings zu einer Stufe acht wechseln, ehe Sie wieder einen Gang zurückschalten. Dies bezeichnet man als Intervalltraining. Mit anderen Worten, Sie arbeiten an verschiedenen Punkten Ihres Trainings auf einem geringfügig höheren Niveau. Wenn Sie schon weiter fortgeschritten sind, möchten Sie vielleicht versuchen, kurzfristig auf einer Stufe 8,5 oder aber täglich auf einer Stufe acht zu trainieren.

Nachdem die Intensität erörtert wurde, wenden wir uns nun der Dauer des Trainings zu.

TIPS

➤ Während Sie lernen, Ihr Trainingsniveau zu beurteilen, fragen Sie sich selbst immer wieder: »Wie intensiv trainiere ich eigentlich?« Das wird Ihnen helfen, in Einklang mit Ihrem Körper zu kommen.

➤ Wenn Sie nicht in der Lage sind, während Ihres gesamten Trainings die Stufe sieben zu halten, beginnen Sie mit Stufe sechs und steigern Sie sich für ein, zwei Minuten auf Stufe sieben. Versuchen Sie bei jedem Training, diese Stufe sieben ein bißchen länger zu halten. Schon bald werden Sie in der Lage sein, Ihr gesamtes Programm auf Stufe sieben zu absolvieren.

➤ Wenn Sie sich gern zu Musik bewegen, wählen Sie Stücke mit einem Rhythmus aus, der Sie motiviert, auf Stufe sieben oder acht zu arbeiten.

➤ Setzen Sie sich häufig neue Ziele, was das Tempo angeht. Wenn Sie ständig zwei Meilen in 30 Minuten gehen, versuchen Sie es einmal mit 2,5 Meilen in derselben Zeit.

➤ Wenn Sie mit anderen zusammen trainieren, achten Sie darauf, auch wirklich ihr eigenes Tempo vorzulegen. Absolvieren Sie Stretchen und Aufwärmprogramm gemeinsam, aber vergewissern Sie sich, daß Sie in Ihrem eigenen Bereich trainieren.

➤ Auch Ihr Geist braucht Schulung. Versuchen Sie sich während des Workout auf etwas anderes als das Training zu konzentrieren. Stellen Sie sich vor, Sie würden durch die Berge wandern oder an einem Wettkampf teilnehmen.

Schritt drei

20 bis 60 Minuten

Ich muß um 7.30 Uhr mit frischgewaschenem Haar auf dem Stuhl der Maskenbildnerin sitzen, damit mein Haar gefönt ist und ich geschminkt bin, wenn ich um 9.00 Uhr eine Fernsehsendung machen will. Ich hätte nie gedacht, daß ich noch Zeit für Sport finden würde. Mein Tag ist praktisch vollgestopft vom Aufwachen bis mindestens 20.00 Uhr. Die einzige Möglichkeit, regelmäßig Sport zu treiben, besteht darin, jeden Tag eine Stunde früher aufzustehen. Für mich heißt das, um 5.00 Uhr früh. Ich bin stolz darauf, das in drei aufeinanderfolgenden Jahren fast jeden Tag geschafft zu haben.

Für jemanden wie mich, der alle Versprechen halten kann, die er jemand anderem als sich selbst gibt, ist das eine große Sache. Ich habe den Sport immer als harte Plackerei angesehen. Heute nicht mehr. An den wenigen Tagen, an denen ich mein Training tatsächlich ausfallen ließ, habe ich mich eindeutig mieser gefühlt – und zwar nicht, weil ich ein schlechtes Gewissen hatte. Ich war körperlich schlapper und auch nicht so aufmerksam und wach. An dem Tag, an dem mir das zum ersten Mal bewußt wurde, mußte ich um 6.30 Uhr morgens nach Arizona fliegen. Ich beschloß, keine Stunde früher aufzustehen, sondern mir die Zeit für den Sport später abzuzwacken. Als ich ankam, war ich so müde und down, daß ich erst einmal um Tee bat, den stärksten, den sie hatten, um wachzuwerden. Erst als ich mich am späten Nachmittag in den Fitneßraum quälte und mich zwang, dreißig Minuten auf dem Laufband zu trainieren, begriff ich den eigentlichen Grund, der hinter meiner Müdigkeit und Gereiztheit steckte: Ich hatte mir am Morgen nicht die Zeit genommen, den Ofen meines erstarrten Stoffwechsels anzuwerfen. Inzwischen ist es ganz egal, wo ich bin (und ich bin in den letzten drei Jahren schon an den entlegensten Orten gewesen!) – ich nehme mir die Zeit für mein Training. Ich mache nicht einmal mehr Urlaub an einem Ort, an dem ich kein Laufband oder keine Straße finde, auf der ich joggen kann. Und im Urlaub ist es das erste, was ich nach dem Aufwachen tue. Ich trainiere mindestens 40 Minuten lang, damit ich den Rest des Tages genießen kann.

Sie müssen sich die Zeit nehmen und Ihrem Sport den Vorrang dabei geben, etwas für sich zu tun. Nur so werden Sie auf lange Sicht zu den Gewinnern gehören. Ein weiter Weg liegt vor Ihnen.

– Oprah

Wenn Leute keinen Sport treiben, entschuldigen sie sich meist mit Zeitmangel. Sollten Sie sich also bei allen möglichen Entschuldigungen ertappen, dann sind Sie einfach noch nicht bereit, sich dem Sport zu verschreiben. Und Sie sind auch noch nicht bereit, Ihr Leben zu verändern.

Fragen Sie sich einmal selbst: Was sind 20 oder 30 Minuten pro Tag? So lange gucken Sie doch mindestens fern, oder? In dieser Zeit könnten Sie durchaus etwas Gutes für Ihren Körper und für sich tun. Und wenn Sie Ihre Lieblingssendung partout nicht versäumen wollen, können Sie sogar beim Zuschauen trainieren.

Glauben Sie nur nicht, Sie hätten zuviel zu tun. Das ist eine Ausrede. Oprah gehört zu den meistbeschäftigten Menschen, die ich kenne. Für gewöhnlich nimmt sie zwei Sendungen am Tag auf, manchmal sogar drei, leitet ihre eigene Firma, hat täglich Dutzende von Meetings und reist viel. Und trotzdem findet sie jeden Tag Zeit für ihr Training! Und sie steht nicht allein. Ich habe noch nie einen Klienten gehabt, der sein Training nicht in seinen Tag einbauen konnte. Aber viele Leute habe ich getroffen, die es nicht wollten. Mit neuen Klienten mache ich es immer so: Wenn sie mir drei Gründe gegen ihr Training nennen, erkläre ich ihnen, daß ich ihnen nicht helfen kann.

Wenn Sie dieses Buch lesen, haben Sie vermutlich bereits beschlossen, Ihr Leben zu ändern. Jetzt ist es an der Zeit, Einwände und Entschuldigungen hinter sich zu lassen und loszulegen!

Wenn Sie seit geraumer Zeit keinen Sport mehr getrieben haben, fällt Ihnen das notwendige Minimum von 20 Minuten täglich vielleicht schwer. In diesem Fall müssen Sie sich langsam zu den 20 Minuten hocharbeiten. Fangen Sie mit mindestens zehn Minuten an. Steigern Sie sich dann jede Woche um eine Minute, bis Sie mindestens 20 Minuten erreichen.

Wenn Sie kein Problem damit haben, mindestens 20 Minuten am Stück zu trainieren, rate ich Ihnen, mit diesem Minimum zu beginnen. Einige von Ihnen trainieren dann vielleicht weniger als sonst. Das ist schon in Ordnung. Wirklich wichtig ist, daß Sie in diesen 20 Minuten mit der richtigen Intensität (Stufe sieben oder acht) trainieren.

Wenn Sie erst einmal mit der richtigen Intensität trainieren, 20 Minuten pro Einheit, fünf- bis siebenmal pro Woche, und wenn Sie darüber hinaus die anderen Schritte befolgen, werden Ihre Pfunde wahrscheinlich purzeln. Aber lassen Sie sich Zeit. Denken Sie daran, wie das Abnehmen funktioniert. Hin und wieder kann Ihr Gewicht stagnieren. Haben Sie also Geduld.

Als Faustregel gilt, daß Sie sich erst überlegen sollten, einen Schritt dieses Programms zu ändern, wenn Ihr Gewicht über einen Zeitraum von drei Wochen entweder stagniert oder sogar gestiegen ist, obwohl Sie sich getreulich an alle zehn Schritte gehalten haben. Schritt drei ist hierfür der beste Ausgangspunkt, da Sie einfach ein paar Minuten an Ihre übliche Trainingszeit anhängen können, bis Sie wieder anfangen abzunehmen. Aber vergewissern Sie sich, daß Sie auch wirklich immer alle zehn Schritte befolgen, ehe Sie diesen Schritt um ein paar Minuten verlängern. Vielleicht müssen Sie ab und zu auf dem Niveau acht trainieren, um die Stagnation zu überwinden. Aber es ist schwer, das herauszufinden, wenn Sie sich nicht an die anderen Schritte halten. Wenn es Ihnen leichtfällt, mindestens 20 Minuten im richtigen Bereich zu trainieren, und wenn Sie lieber länger trainieren möchten, dann fangen Sie damit an, jede Trainingseinheit zwischen zwei und fünf Minuten zu verlängern.

Sie fragen sich vielleicht, wie nur 20 Minuten Training am Tag zu einem beachtlichen Gewichtsverlust führen können. Einige von Ihnen müssen vielleicht mehr tun, um die gewünschten Ergebnisse zu erzielen. Andere werden feststellen, daß 20 Minuten mehr als genug sind. Oprah muß täglich ungefähr 40 Minuten lang im richtigen Bereich trainieren, um ihr Gewicht zu halten. Auch das liegt wieder an ihrem hohen Set-point. Als ich anfing, mit Oprah zu arbeiten, bemerkte ich ziemlich bald, daß sie an schnelle Ergebnisse gewöhnt war. Ich ließ sie also mindestens 60 Minuten täglich trainieren, wobei ich diese Zeit gewöhnlich auf zwei Trainingseinheiten aufteilte. Natürlich erzielte sie damit schnellere Ergebnisse. Für die meisten Menschen sind zwei Trainingseinheiten pro Tag jedoch kaum praktikabel. Deshalb empfehle ich Ihnen, Ihre Trainingszeit innerhalb einer Einheit aufzubauen. Und vergessen Sie nicht, daß Sie immer im richtigen Bereich sein müssen!

Schon bald nachdem Sie mit dem regelmäßigen Training angefangen haben, werden Sie sich körperlich und geistig besser fühlen. Sie werden auch leise Anzeichen dafür entdecken, daß sich Ihr Stoffwechsel verändert. Ihre Kleider sitzen lockerer, und Sie werden feststellen, daß Sie tagsüber mehr Energie haben. Gleichzeitig werden Sie am Abend wahrscheinlich müder sein. Ich meine damit eine gute Art von Müdigkeit. Sie werden auch besser schlafen.

Eines der sichersten Anzeichen dafür, daß sich Ihr Stoffwechsel verändert, ist das Schwitzen. Wenn ich jemanden zum ersten Mal berate, erkläre ich immer, daß es sehr wichtig ist, so lange und so hart zu trainieren, daß man zu schwitzen anfängt. Praktisch jedesmal, wenn ich das erwähne, höre ich Sätze wie: »Ich schwitze einfach nicht.« Aber glauben Sie mir, Sie werden schwitzen!

Es gibt zwei Gründe, warum Menschen beim Training nicht schwitzen.

Erstens fällt ihr Schweißmechanismus in den »Winterschlaf«, wenn sie nicht aktiv sind. Sie müssen ihn dann erst einmal aufwecken. Und wenn Sie nicht hart genug trainieren, schwitzen Sie wahrscheinlich auch nicht soviel. Mit anderen Worten: Dann sind sie nicht im richtigen Bereich, nicht in der »Zone«.

Ich hatte eine erste Konsultation mit Susan vereinbart. Susan war 36 Jahre alt und wollte 18 Pfund abnehmen. Damit würde sie wieder soviel wiegen wie mit 22. In der Woche vor unserem Treffen sah ich sie in dem Fitneßclub, dem auch ich angehörte. Dort trainierte sie auf einer Step-Maschine neben mir. Während wir beide arbeiteten, wandte sie sich mir zu und meinte: »Sie schwitzen aber!« Ich antwortete: »Ja, und das sollten Sie auch.« Ihre Antwort konnte ich mir schon vorstellen. »Ich schwitze nie«, erklärte sie. Ich empfahl ihr, ihre Maschine um zwei Punkte hinaufzustellen. Innerhalb von zwei Minuten rollten ihr die Schweißperlen von der Stirn.

Tatsache ist, daß wir alle schwitzen. Sie müssen nur hart und lange genug arbeiten, um damit anzufangen. Und je besser Sie in Form sind, desto mehr schwitzen Sie und desto schneller fangen Sie beim Training an zu schwitzen. Inzwischen joggt Susan eine Meile in neun Minuten und ist nach fünf Minuten Workout in Schweiß gebadet. Sie hat 16 Pfund abgenommen und erklärt, das sei genug. Um es mit ihren eigenen Worten zu sagen: »Ich sehe besser aus als mit 22.«

Nachdem Sie jetzt wissen, wie Sie trainieren müssen, lassen Sie uns den nächsten wichtigen Punkt in Angriff nehmen: die richtige Ernährung.

TIPS

➤ Wenn Sie Ihre Übungzeit verlängern möchten, nachdem Sie alle zehn Schritte ausgeführt haben, steigern Sie ihre Trainingszeit jede Woche um ein, zwei Minuten, bis Sie sich mit der Zeitspanne wohl fühlen. Tun Sie das jedoch nur, wenn Sie körperlich und seelisch bereit dazu sind.

➤ Wenn Sie Ihre Trainingszeit verlängern möchten, aber am Morgen nur begrenzt Zeit haben, legen Sie am Abend ein zusätzliches Minitraining ein. Es sollte mindestens zehn Minuten dauern.

➤ Versuchen Sie, Ihren Primärsport mindestens die erforderlichen 20 Minuten auszuüben, gefolgt von mindestens zehn Minuten einer alternativen Übung.

➤ Wenn Sie Zeit und Lust haben, versuchen Sie, einmal wöchentlich eine längere Trainingseinheit (40 bis 60 Minuten) einzufügen. Sie werden dies schon bald zweimal wöchentlich tun können.

➤ Eine typische Aerobic-Session dauert ungefähr eine Stunde, umfaßt aber Stretching, Aufwärmen und Abkühlen. Das eigentliche Aerobic-Training dauert für gewöhnlich etwa 30 Minuten, und diese 30 Minuten sind es, die für diesen Schritt zählen.

Schritt vier

Ernährung: Fettarm und ausgewogen

Schritt vier

Ich habe früher immer tütenweise Kartoffelchips in mich hineingestopft. Eine Tüte enthält über 50 Gramm Fett, und das entspricht der Ration, die ich insgesamt an zwei Tagen zu mir nehmen sollte. Kürzlich habe ich einmal eine Handvoll dieser fettigen Chips gegessen, die ich früher pfundweise verschlungen habe, und schon wurde mir übel. Das nenne ich Fortschritt!

Für jemanden, der wie ich alles immer fritiert gegessen hat – selbst Gemüse wurde so lange in Fett gegart, bis auch noch der letzte Nährstoff herausgezogen oder von Fett erdrückt war –, war fettarme Kost eine völlig neue Idee. Die Begegnung mit der Köchin Rosie und die Entdeckung, daß fettarm nicht unbedingt geschmacksarm heißen muß, ließen mich konvertieren. Heute verursacht mir alles, was viel Fett enthält, Übelkeit. Ein wichtiger Schritt auf dem Weg zu einem gesünderen Leben besteht darin, Fett zu reduzieren. Das reichte in meinem Fall aber nicht aus, um die überschüssigen Pfunde loszuwerden. Als ich Bob kennenlernte, ernährte ich mich schon zwei Jahre lang nur von fettarmen Mahlzeiten und Snacks. Dabei nahm ich nicht nur nicht ab, sondern sogar zu! Teilweise wohl, weil ich nie gelernt hatte, wann ich mit dem Essen aufhören mußte. Ich war eben ein zwanghafter, emotionaler Esser.

Der schwierigste Teil von Schritt vier bestand für mich darin zu erkennen, was mir eigentlich Kummer machte. Für Sie besteht das Problem vielleicht darin, ohne viel Fett in der Ernährung auszukommen. Das war für mich zwar auch nicht gerade leicht, aber mit der Zeit stellte ich fest, daß ich mich nicht mehr danach verzehrte – tatsächlich überdeckt Fett den eigentlichen Geschmack der Speisen. Sie müssen jedoch Geduld haben, es geht nicht über Nacht.

Wenn Sie weniger Fett (und auch Zucker und Salz) zu sich nehmen, kann das Ihre Geschmacksnerven zunächst ganz schön irritieren. Aber mit der Zeit werden Sie diesen gesünderen Weg der Ernährung vorziehen. Und es steht außer Frage, daß Sie sich besser fühlen werden.

– Oprah

Möglicherweise ist dieser Schritt am schwierigsten nachzuvollziehen. Unsere Eßgewohnheiten haben sich über eine Reihe von Jahren herausgebildet, und es kann ewig dauern, sie zu verändern. Es ist nun aber einmal die einzige Möglichkeit, dauerhafte Erfolge zu erzielen. Vergessen Sie Diäten. Das sind nur kurzfristige Lösungen. Lassen Sie sich von dem Wort *Diät*, das ich in diesem Kapitel und im ganzen Buch sehr häufig verwende, nicht irritieren. Das Wort wird heutzutage mit einer vorübergehenden Art der Ernährung in Verbindung gebracht, die dazu dient, Gewicht zu verlieren. Wenn ich das Wort verwende, bezeichne ich damit die Nahrungsmittel, die Sie regelmäßig zu sich nehmen.

Ich schlage Ihnen vor, die ganze Art Ihrer Nahrungsaufnahme zu verändern: wann Sie essen, was Sie essen, wie Sie essen. Es geht mir hier nicht um jede Kleinigkeit, die Sie zu sich nehmen; ich will Ihnen auch nicht einreden, daß es Dinge gibt, die Sie niemals essen sollten. Mir geht es um Ihre generellen Eßgewohnheiten. Wenn Sie hin und wieder davon abweichen, nun gut.

Ich persönlich liebe Kuchen. Tue ich heute noch. Es ist noch keine zehn Jahre her, da war ein Essen für mich nicht komplett, bevor ich nicht ein Stückchen Kuchen gegessen hatte. Am liebsten hatte ich Pecannußtorte. Eines Tages beschloß ich, daß es nicht so weitergehen sollte. Also verzichtete ich schon mal, und heute esse ich vielleicht ein Stück Kuchen im Monat. Und fast nie mehr Pecannußtorte. Nachdem ich das reduziert hatte, stellte ich fest, daß ich mich wohler fühlte. Beim Sport ging es mir besser, mein Cholesterinspiegel – ein Problem in meiner Familie – sank. Ich habe Kuchen zwar nicht vollständig gestrichen, aber in meiner Ernährung spielt er praktisch keine Rolle mehr. Seither fühle ich mich deutlich wohler und bin auch fitter.

Ich meine, jeder von uns kann seine Ernährungsgewohnheiten in bestimmten Bereichen verbessern. In diesem Kapitel geht es hauptsächlich um Fett beziehungsweise kein Fett. Außerdem werde ich Ihnen verraten, wie Sie Ihre Nahrungsmengen kontrollieren können und alles bekommen, was Ihr Körper braucht. Und schließlich werde ich Ihnen noch einen leichten Weg zeigen, wie Sie sichergehen können, das Richtige in der richtigen Menge zum richtigen Zeitpunkt zu sich zu nehmen.

Fett weglassen

Ohne Fett geht es nicht. Es hilft bei einer Vielzahl von Körperfunktionen, unter anderem der Verdauung, stärkt die Immunabwehr, transportiert Cholesterin und ist an der Hormonbildung beteiligt. Das Problem besteht darin, daß die meisten von uns viel zuviel Fett zu sich nehmen. Sehen Sie, Fett enthält mehr als doppelt so viele Kalorien wie Kohlenhydrate oder Eiweiß.

Wenn Sie abnehmen und alles in allem gesünder werden wollen, ist es unerläßlich, den größten Teil des Fetts zu streichen. Fettreiche Ernährung trägt nicht nur zur Gewichtszunahme bei, sondern fördert auch Krebs und Herzkrankheiten. Unser Ziel besteht darin, die Gesamtmenge an verzehrtem Fett pro Tag auf zwischen 20 und 50 Gramm zu reduzieren.

Zumindest das meiste Fett, welches Sie essen, sollte aus ungesättigten Fettsäuren stammen, wie beispielsweise Oliven- oder Sonnenblumenöl – pflanzliches Öl eben. Die tropischen Öle – Kokosnuß- und Palmöl – stammen zwar auch aus pflanzlichen Quellen, bilden aber eine Ausnahme. Butter, Schmalz, Kokosnußöl, Palmöl und das Fett, das Sie am Fleisch finden, sind Beispiele für gesättigtes Fett. Diese sollten Sie aus Ihrer Diät verbannen.

Ich habe Ihnen hier eine verhältnismäßig weite Spanne genannt, mit der Sie arbeiten können. Wenn Sie 50 Gramm Fett verzehren, nehmen Sie damit zweieinhalbmal soviel Fett zu sich wie jemand, der nur 20 Gramm Fett am Tag ißt. Ich gebe Ihnen diese weite Spanne, weil wir alle so verschieden sind. Wir haben einen unterschiedlichen Energiebedarf und unterschiedliche Körperchemie. Was für den einen Menschen gilt, muß damit nicht auch für einen anderen Gültigkeit haben.

Innerhalb dieser Spanne bitte ich Sie, selbst herauszufinden, was für Sie richtig ist. Nehmen wir beispielsweise an, Sie reduzieren Ihre Fettaufnahme auf 40 Gramm pro Tag und nehmen ab – aber Ihr Gewicht stagniert weit oberhalb Ihres Zielgewichts. Wenn Sie sich angesehen haben, wo Sie in den anderen Bereichen dieses Programms stehen, beschließen Sie vielleicht, Ihre Fettaufnahme auf 35 Gramm herunterzuschrauben. Wieder nehmen Sie ab. Dann wissen Sie also, daß Sie nicht mehr als 35 Gramm Fett am Tag zu sich nehmen dürfen, wenn Sie abnehmen wollen. Möglicherweise müssen Sie die Fettmenge noch mehrmals reduzieren, ehe Sie endlich Ihr Zielgewicht erreichen.

Es könnte aber auch so sein: Sie versuchen, Ihre Fettration von 30 Gramm auf 20 Gramm zu reduzieren, aber es fällt Ihnen sehr schwer. Ständig sehnen Sie sich nach fettreichen Nahrungsmitteln. Sie sind niemals mit ihren Mahlzeiten zufrieden. Und plötzlich bemerken Sie körperliche Veränderungen. Ihre Haut wird vielleicht sehr trocken. Das ist ein Zeichen dafür, daß 20 Gramm Fett pro Tag für Sie persönlich nicht genug sind. Dann müssen Sie Ihre Fettaufnahme wieder steigern und einen oder auch mehrere der anderen Schritte variieren, um Ihr Zielgewicht dennoch zu erreichen.

Unser Körper gibt uns ständig ein Feedback. Wir müssen nur lernen, darauf zu hören. Wie bei fast allem gilt: »Probieren geht über Studieren«, vorausgesetzt, Sie bewegen sich im empfohlenen Rahmen.

Für den Anfang sollten Sie Ihre tägliche Fettaufnahme auf 50 Gramm beschränken. Für manche von Ihnen könnte dies bereits eine beachtliche Reduzierung bedeuten. In diesem Fall könnte Ihnen der Verzicht anfangs sehr schwerfallen. Ich kenne Leute, die täglich über 200 Gramm Fett zu sich nehmen. Diese Menge Fett steckt etwa in 12 Hamburgern. Bei derart exzessiven Mengen bedeutet jede Reduzierung bereits einen enormen Gewinn für Ihre Gesundheit. Fangen Sie also einfach allmählich an, Ihren Fettkonsum einzuschränken.

Danach werden Sie wahrscheinlich noch eine Weile Appetit auf Fettes haben. Das liegt daran, daß Sie Ihrem Körper etwas entziehen, an das er sich gewöhnt hatte. Dieser Heißhunger läßt jedoch mit der Zeit nach.

Als ich anfing, mit Oprah zu arbeiten, ernährte sie sich bereits seit ungefähr zwei Jahren fettarm und recht ausgewogen. Sie nahm täglich etwa 35 Gramm Fett zu sich. Um bessere Ergebnisse zu erzielen, reduzierte ich ihre tägliche Ration auf 25 bis 30 Gramm. Sofort nahm sie ab. Aber dafür wuchs ihr Verlangen nach fettreichen Speisen. Wir konnten uns über etwas unterhalten, was nicht im entferntesten mit Essen zu tun hatte, und Oprah machte unweigerlich eine Bemerkung wie: »Meine Güte, ich habe seit Ewigkeiten keinen Hamburger mehr gehabt.« Einmal, als wir uns über eine Reise nach Maine unterhielten, platzte sie heraus: »Erinnerst du dich noch an die Pommes frites in Nantucket?« Das ging etwa drei Monate lang so, ungefähr zu der Zeit, als sie für den Halbmarathon in San Diego trainierte.

Ich mußte ihr versprechen, daß sie danach in eines ihrer Lieblingsrestaurants gehen und bestellen durfte, was immer sie sich wünschte. Mir war es recht. Als sie das Rennen gelaufen war, gingen wir ins Restaurant. Sie bestellte eine ihrer Lieblingssuppen auf Sahnebasis. Nach etwa vier Löffeln kapitulierte sie. Die Suppe schmeckte nicht mehr so wie früher. Sie war viel zu fett. Oprah hatte einen regelrechten Widerwillen gegen allzu fette Nahrung entwickelt. Das passiert häufig. Es dauert ein wenig, aber wenn Sie erst einmal körperlich aktiver werden und die tägliche Fettration verringern, wird es auch Ihnen so ergehen. Haben Sie nur Geduld!

Dem Fett in Ihrer Ernährung auf der Spur bleiben

Solange Sie zwischen 20 und 50 Gramm Fett am Tag zu sich nehmen, befinden Sie sich im grünen Bereich. Ich bin kein großer Fan des Zählens, aber wenn Sie Ihre Nahrung umstellen, werden Sie eine Weile in Gramm rechnen müssen. Das legt sich aber in den meisten Fällen nach drei Monaten. Dann

essen Sie bewußter und halten Ihren Fettkonsum ganz automatisch im gewünschten Rahmen.

Heutzutage ist es leicht, seinen Fettkonsum zu überprüfen. Der Markt ist mit neuen, fettarmen Produkten geradezu überschwemmt worden. Und wie Sie wahrscheinlich schon bemerkt haben, ist den Verpackungen genau zu entnehmen, was die Nahrungsmittel im einzelnen enthalten. Dazu gehört auch der Fettgehalt. Ein Gramm Fett enthält neun Kalorien. So ist es ziemlich einfach, Kalorien aus Fett in Fett in Gramm umzurechnen, sollte dies einmal nicht angegeben sein. Sie nehmen einfach die Gesamtkalorien aus Fett, dividieren die Zahl durch neun und erhalten so das Fett in Gramm. Wenn Sie Informationen über Nahrungsmittel wünschen, die nicht abgepackt oder mit diesen Angaben versehen sind, nehmen Sie eine Kalorientabelle zu Hilfe. Sie bekommen Sie im Buchhandel oder Reformhaus, und es kann nicht schaden, eine zu Hause zu haben.

Wieviel Fett ist für Sie richtig?

Wieder bleibt es Ihnen – innerhalb der Richtlinien – überlassen zu entscheiden, wieviel Fett Sie aus Ihrer Diät streichen möchten. Probieren Sie es ruhig einmal aus. Ich würde vorschlagen, Sie fangen am höheren Ende der Skala an (40 bis 50 Gramm pro Tag), außer wenn Sie derzeit bereits weniger essen. Bei täglich weniger als 50 Gramm schlage ich vor, daß Sie um fünf Gramm täglich reduzieren. Gewöhnen Sie sich an diese neue Menge, und warten Sie ab, was mit Ihrem Gewicht geschieht. Wenn Sie abnehmen, bleiben Sie auf diesem Niveau. Wenn Sie keine Gewichtsabnahme verzeichnen, reduzieren Sie die tägliche Fettmenge um weitere fünf Gramm. Denken Sie auch daran, daß es noch andere Schritte gibt, die Sie ändern können. Und lassen Sie sich genug Zeit zum Abnehmen. Denken Sie an all die Gründe, aus denen Ihr Gewicht stagnieren kann.

Es ist besser, Ihre Fettaufnahme langsamer zu reduzieren und Ihrem Körper Zeit zu lassen, sich daran zu gewöhnen. Im allgemeinen gilt, je weniger Fett Sie konsumieren, desto gesünder ist Ihre Diät. Für die meisten Menschen gilt jedoch, daß eine Fettaufnahme von weniger als 20 Gramm pro Tag gesundheitliche Probleme hervorrufen kann. Das Ziel sollte also sein, Ihre Fettaufnahme zwischen 20 und 35 Gramm pro Tag einzupendeln. Es dauert vielleicht ein, zwei Jahre, bis Sie soweit sind, aber das ist in Ordnung! Wenn Sie schwanger sind oder stillen, sollten Sie sich mit Ihrem Hausarzt bezüglich der Fettaufnahme beraten. Auch bei Kindern und Jugendlichen sollte Rücksprache mit dem Arzt gehalten werden.

Es kann ausgesprochen hilfreich sein, Tagebuch über Ihre tägliche Fettzufuhr zu führen. So können Sie selbst am besten überprüfen, was funktioniert und worauf Ihr Körper reagiert. Ich werde unter Schritt zehn noch näher darauf eingehen. Einige von Ihnen möchten vielleicht auch genauer Buch darüber führen, wieviel Gramm Fett sie zu sich nehmen, indem Sie die Fettaufnahme über die Anzahl der Kalorien berechnen, die sie zu sich genommen haben. Nur 10 bis 20 Prozent der Gesamtkalorienmenge sollten aus Fett bestehen, vorzugsweise (mehrfach) ungesättigte Fettsäuren. Diese Genauigkeit ist zwar nicht unbedingt erforderlich, sie hilft aber auf jeden Fall auch, die Übersicht zu behalten.

Noch ein letzter Punkt zur fettarmen Ernährung. Einige Ernährungsexperten befürchten, daß die Leute das »Fettarm«- oder »Light«-Etikett als Ausrede dafür bemühen, mehr zu essen. Manche Menschen nehmen dieselbe Kalorienmenge – oder sogar noch mehr – zu sich wie zuvor und handeln so dem eigentlichen Sinn und Zweck der fettarmen Ernährung zuwider. Darin liegt ein Körnchen Wahrheit. Aber wenn Sie wissen, wann Sie mit dem Essen aufhören müssen, ist das kein Problem.

Wann ist Schluß?

Nachdem Sie jetzt wissen, wieviel Fett Sie verzehren sollten, wollen Sie wahrscheinlich auch wissen, wieviel Sie überhaupt essen sollten. Wenn Sie an all die Gründe denken, aus denen wir essen, dann verstehen Sie jetzt, daß es Zeiten gibt, in denen wir essen, um unserem Körper zu geben, was er braucht, und Zeiten, in denen wir essen, um etwas anderes zu befriedigen. Ich werde später noch genauer darauf eingehen, woran man den Unterschied erkennen kann.

Wieviel Sie essen, ist jedoch individuell ganz verschieden. Jeder Mensch ist anders, und die Menge an Essen, die für Sie richtig ist, ist für jemand anderen nicht unbedingt angemessen. Die Menge dessen, was Sie essen, hängt von Ihren Genen, Ihrer Körpergröße, Ihrem Geschlecht, der derzeitigen Stoffwechselgeschwindigkeit sowie einer Anzahl anderer Faktoren ab. Jetzt verstehen Sie auch, warum es so albern ist, alle auf eine Diät mit vorgegebener Kalorienzahl zu setzen und bei jedem dasselbe Ergebnis zu erwarten.

Die scheinbar so einfache Aufgabe, die richtige Nahrungsmenge zu sich zu nehmen, ist uns in so vielen verschiedenen Aufmachungen verkauft worden, daß man kaum noch die Übersicht behalten kann. Sie können Kalorien zählen, alles wiegen, was Sie essen, Nahrungsmittelgruppen trennen, eine oder mehrere Tabellen zu Rate ziehen oder abgepackte Menüs kaufen. Sie haben viele Möglichkeiten zur Auswahl. Aber eines habe ich im Laufe der Jahre gelernt, und das ist: Wenn Sie es nicht Ihr Leben lang tun, funktioniert es nicht. Wenn Sie sich endlos auf ein System verlassen müssen, das Ihnen sagt, wann Sie mit dem Essen aufhören sollen, werden Sie keinen Erfolg haben!

Ein System kann nicht berücksichtigen, daß – erstens – Menschen verschieden sind und – zweitens – sich bei jedem Menschen der Energiebedarf von Jahr zu Jahr, Monat zu Monat, Woche zu Woche, von Tag zu Tag und sogar von Stunde zu Stunde ändert! Wie sollte ein theoretisches System da mitkommen? Das ist unmöglich! Aber Sie können lernen zu erkennen, wann Sie essen, um Ihren Hunger zu stillen, und wann Sie aus ganz anderen Gründen essen.

Was ist nun mit den Kalorien?

Ihr Körper verbraucht täglich eine gewisse Anzahl von Kalorien. Nachdenken, Essen verdauen, Ihr Herzschlag, an den Kühlschrank gehen, um einen Snack herauszuholen, Sport, selbst die Bewegung Ihrer Augen beim Lesen, all dies verbraucht Energie (Kalorien). Am Ende des Tages haben Sie eine gewisse Anzahl von Kalorien zu sich genommen und eine gewisse Anzahl von Kalorien verbraucht. Wenn die Zahl der Kalorien, die Sie zu sich genommen haben, die Zahl der verbrauchten Kalorien übersteigt, so lagert Ihr Körper die überschüssigen Kalorien als Fett ab. Liegt die Anzahl der konsumierten Kalorien unter der Anzahl der verbrauchten, dann gleicht Ihr Körper den Unterschied aus, indem er für die notwendige Energie die Fettablagerungen anzapft. Das klingt alles ganz simpel.

Warum zählen wir also nicht einfach die Kalorien, die wir essen, rechnen aus, wie viele wir brauchen, und achten darauf, mehr zu verbrauchen, als wir zu uns nehmen? So wurde es früher gelehrt. Das größte Problem bei dieser vereinfachten Darstellung liegt darin, daß die Anzahl der verbrauchten Kalorien (unser Stoffwechsel) sich ständig ändert. Es hängt von der Menge und Art dessen ab, was wir essen, von der Menge und Intensität der Tätigkeit, die wir ausüben, sowie von einer Unzahl anderer Faktoren, die sich ständig ändern. Das macht es praktisch unmöglich und sinnlos, die Anzahl der Kalorien zu zählen, die wir verbrauchen.

Es gibt eine bessere Methode. Regulieren wir unsere Nahrungszufuhr nach den jeweiligen Energieanforderungen. Mit anderen Worten, essen wir, wenn wir hungrig sind. Das klingt so einfach, ist aber für viele von uns leichter gesagt als getan. Gewichtsprobleme entstehen für gewöhnlich dann, wenn wir weiteressen, obwohl wir keinen Hunger mehr haben, oder wenn wir unseren Hunger überhaupt nicht mehr wahrnehmen. Es ist bekannt, daß Menschen, die mit ihrem Gewicht kämpfen, Probleme haben, Hungergefühle zu identifizieren. Aktive Personen neigen außerdem in weit größerem Ausmaß dazu, ihre Ernährung an ihre Energieanforderungen anzupassen, als weniger aktive Menschen. Infolgedessen sollten Sie schleunigst lernen zu erkennen, wann Ihr Körper tatsächlich etwas zu essen braucht. Und genau das werde ich Ihnen beizubringen versuchen.

Es erfordert ein wenig Zeit und Mühe, Sie werden aber nicht daran vorbeikommen. Es befreit Sie von der Kalorientabelle. Vergessen Sie nicht, daß Sie mindestens fünfmal pro Woche Sport treiben müssen. Das allein wird schon dazu beitragen, Ihre Nahrungsaufnahme zu normalisieren. Darüber hinaus sollten Sie in dieser Lernphase ein Tagebuch führen. Darin können Sie Ihre Gefühle wie Hunger, Gedanken zur Ernährung, wann und wo Sie essen sollten und wann und warum Sie mit dem Essen aufhören sollten, festhalten. Am wichtigsten ist es zu lernen, Ihren Hunger als solchen zu erkennen.

Echter Hunger ist ein Ausdruck von Bedürfnissen – in erster Linie signalisiert er Ihren Energiebedarf. Ihr Ziel muß es nun sein, diese Bedürfnisse zu erfüllen, aber nur beinahe. Mit anderen Worten: Sorgen Sie dafür, daß Ihr Körper ausreichend Nährstoffe erhält, aber essen Sie nicht über diesen Punkt hinaus. Damit Sie lernen, Ihr Hungergefühl wahrzunehmen, müssen Sie zuerst ein wenig hungrig sein. Das heißt, daß Sie am Ende Ihres Mahles immer noch essen möchten – nur ein kleines bißchen. Aber genau dieses Gefühl wird Ihnen helfen, den Hunger zu identifizieren. Aus diesem leichten Hungergefühl spricht Ihr Körper, der Sie warnt, daß er nun die Fettablagerungen angreifen wird, um die Differenz zwischen den verbrauchten und den konsumierten Kalorien auszugleichen. Das ist auch gut so. Es wird Ihre Fettlager verkleinern. Wenn Sie diese Technik beherzigen, werden Sie lernen, richtig Hunger zu haben.

Es ist wichtig, nur zu essen, wenn man Hunger hat. Deshalb möchte ich, daß Sie vor und während jeder Mahlzeit auf Ihren Hunger hören. Achten Sie jedesmal auf ihn, wenn Sie einen Snack essen. Notieren Sie sich, warum Sie angefangen haben zu essen und was Sie dazu gebracht hat aufzuhören. Mit der Zeit werden Sie lernen, Hungergefühle zu erkennen. Unser Ziel ist es, ausschließlich aus Hunger zu essen, das heißt also entsprechend dem Energiebedarf des Körpers.

Auch Oprah mußte erst lernen, ihren Hunger wahrzunehmen. Sie hat ihre ganze Kindheit und einen großen Teil ihres Erwachsenenlebens aus den falschen Gründen gegessen. Vier Monate nachdem ich angefangen hatte, mit ihr zu arbeiten, näherten wir uns dem Ende eines Acht-Meilen-Marsches durch Indiana, als Oprah meinte: »Gott, ich kann an nichts anderes als an Essen denken.« Mir ging es nicht anders. »Ich sehe die ganze Zeit nur Essen vor mir«, gestand ich ihr. Dann erklärte ich ihr, daß unser Körper uns mitteilte, daß es nun an die Fettreserven ging. »Mit anderen Worten, wir haben Hunger«, sagte ich. »Was meinst du damit?« wollte sie wissen. »Wir sind hungrig. Hast du nie richtig Hunger gehabt?« erkundigte ich mich. Oprah zögerte. »Nun ja, ich bin jetzt am Verhungern. Aber Mittagessen gibt es erst um eins.« Das waren noch mindestens zwei Stunden. »Nun, dann essen wir eben einfach früher«, meinte ich. Sie warf mir einen Blick zu, als wäre dies ein Ding der Unmöglichkeit. Doch ihr Ausdruck veränderte sich schnell, als ihr dämmerte, daß wir die Essenszeit tatsächlich einfach vorziehen konnten, weil wir Hunger hatten.

Dies war einer der wenigen Augenblicke, in denen Oprah tatsächlich Hunger verspürte. Sie war es bis dato nicht gewöhnt, ihn wahrzunehmen. Das lag daran, daß sie bei den Mahlzeiten immer mehr aß, als ihr Körper verlangte, und zwischen den Mahlzeiten immer zu Snacks griff, so daß sie niemals wirklich hungrig war. Sie aß aus psychischen Gründen. Sie aß aus Gewohnheit. Sie aß, wenn sie müde war, gestreßt oder einfach gelangweilt. Sie aß aus allen möglichen Gründen, nur nicht aus dem wichtigsten – weil sie hungrig war. Nachdem sie gelernt hatte, ihren Hunger wahrzunehmen, begriff sie auch, daß es in Ordnung ist zu essen, wenn man Hunger hat, selbst wenn nicht gerade »Essenszeit« ist.

Psychischer Hunger

Manche von Ihnen hören erst mit dem Essen auf, wenn sie psychisch und nicht nur körperlich gesättigt sind. Diese psychische Befriedigung ist aber nicht unter allen Umständen zu erreichen. Das liegt daran, daß Sie versuchen, mit dem Essen etwas anderes zufriedenzustellen – etwas, dessen Sie sich vielleicht nicht einmal bewußt sind. Dieser psychische Hunger sollte nicht mit körperlichem Hunger verwechselt werden. Sie müssen lernen, den Unterschied zu erkennen.

Jedesmal, wenn Sie weiteressen, obwohl Sie nicht mehr hungrig sind, sollten Sie sich fragen, was mit Ihnen los ist. Beunruhigt Sie etwas? Sind Sie gestreßt? Diese Gedanken sollten Sie in Ihrem Tagebuch festhalten. Das wird Ihnen helfen, zwischen körperlichem und seelischem Hunger zu unterscheiden. Es ist ein langwieriger Lernprozeß. Aber wenn Sie körperlich aktiver werden, werden Sie automatisch Ihre Fähigkeit verbessern, so zu essen, wie es Ihr Körper verlangt, und damit das Essen aus psychischen Gründen reduzieren. Es wird noch besser, wenn Sie dann Ihre Gedanken und Gefühle aufschreiben und Buch darüber führen, wenn Sie aus anderen Gründen gegessen haben.

Wahrscheinlich benötigen Sie aber noch mehr Hilfe. Ich glaube zwar nicht, daß Sie bis ans Ende Ihrer Tage einem Ernährungsplan folgen sollten. Es ist jedoch am Anfang hilfreich, sich an einen solchen Plan zu halten, und zwar um mehr über die Bedürfnisse Ihres Körpers zu erfahren. Sie sollten diesen Plan jedoch nur so lange befolgen, bis Ihr Körper selbst wahrnimmt, was er benötigt. Danach werden Sie in der Lage sein, ganz natürlich die richtige Wahl zu treffen. Dieser Prozeß dauert durchschnittlich drei Monate.

Die Nahrungspyramide

Das System, das mir am besten gefällt, ist die Nahrungspyramide. Irgendwann in der nahen Zukunft werden Sie zwar ganz von selbst wissen, wieviel Sie bei jeder Mahlzeit essen sollten. Manche von Ihnen wissen es vielleicht heute schon. Trotzdem halte ich die folgenden Informationen für sehr nützlich.

Die Nahrungspyramide wurde vom amerikanischen Landwirtschaftsministerium entwickelt. Dieser leichtverständliche Plan führt die Arten und Mengen von Speisen auf, die Sie täglich zu sich nehmen sollten. Er besteht aus sechs Basisgruppen mit den jeweils empfohlenen Mengen (abgesehen von Fett und Süßem). Von allen Systemen, die ich kenne, scheint mir dieses das einfachste und flexibelste zu sein. Und sobald Sie es verinnerlicht haben, ist es keine graue Theorie mehr, sondern wird zu einer ganz natürlichen Art zu essen. Sie finden die Pyramide nachstehend.

Die Nahrungspyramide

Eine Anleitung zur täglichen Auswahl
von Nahrungsmitteln

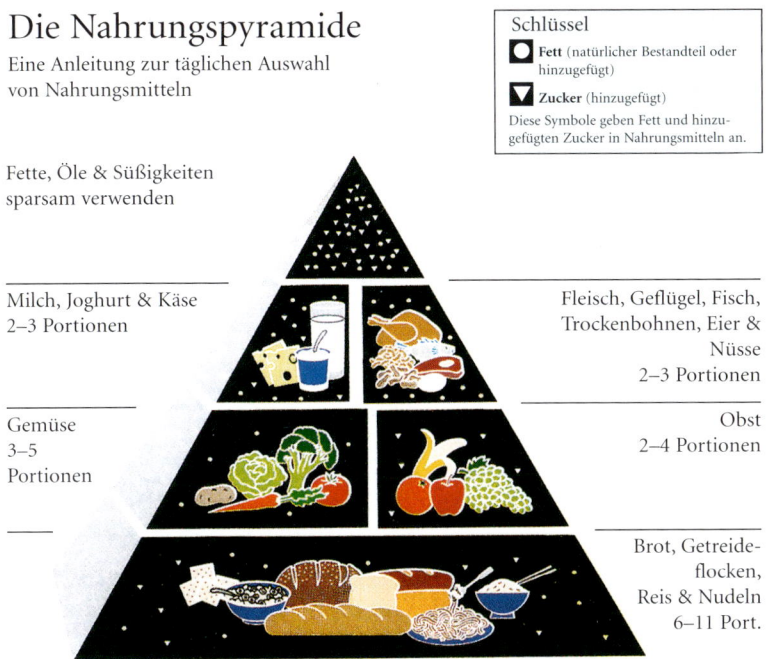

Fette, Öle & Süßigkeiten
sparsam verwenden

Milch, Joghurt & Käse
2–3 Portionen

Fleisch, Geflügel, Fisch,
Trockenbohnen, Eier &
Nüsse
2–3 Portionen

Gemüse
3–5
Portionen

Obst
2–4 Portionen

Brot, Getreide-
flocken,
Reis & Nudeln
6–11 Port.

Die Nahrungspyramide ist eine Anleitung dafür, was täglich gegessen werden sollte. Sie ist keine starre Vorschrift, sondern eine allgemeine Richtlinie,
die es Ihnen ermöglicht, ein gesundes Nahrungsmittelspektrum auszuwählen, das für Sie persönlich richtig ist.

Die Pyramide beinhaltet eine Vielfalt von Speisen, um so die Nährstoffe zu
bekommen, die Sie benötigen, und gleichzeitig die richtige Menge an Kalorien, um ein gesundes Gewicht zu halten.

Die Pyramide legt außerdem besonderes Gewicht auf Fette, weil die meisten amerikanischen Diäten zuviel Fett enthalten, vor allem gesättigte
Fettsäuren.

Um mit der Pyramide zu arbeiten, müssen Sie sich entsprechend den für jede
Nahrungsmittelgruppe angegebenen Richtlinien ernähren. Es ist wichtig, die
Anzahl von Portionen in jeder Gruppe herauszufinden, die für Sie persön-
lich richtig ist. Als Basis dienen persönlicher Stoffwechsel und Zielgewicht.
Wahrscheinlich werden Sie einige Versuche unternehmen und Fehler ein-

stecken müssen. Wenn Sie sich an die Portionsvorschläge halten und nicht abnehmen, müssen Sie möglicherweise die Anzahl der Portionen in einer oder mehreren Gruppen ändern. Wenn Sie sich an die Mindestanzahl von Portionen in jeder Gruppe halten und dennoch nicht abnehmen, sollten Sie überlegen, ob Sie einen der anderen Schritte dieses Programms variieren können – gut geeignet wäre Schritt drei (verlängern Sie Ihre Trainingszeit).

Nochmals zum Überblick: Sie sollten jeden Tag

6–11	Portionen aus der Gruppe Brot, Nudeln, Reis und Getreideflocken
2–4	Portionen aus der Obst-Gruppe
3–5	Portionen aus der Gemüse-Gruppe
2–3	Portionen aus der Gruppe Fleisch, Geflügel, Fisch, Hülsenfrüchte, Eier und Nüsse
2–3	Portionen aus der Gruppe Milch, Joghurt, Käse

zu sich nehmen. Bestandteile der Gruppe Fette und Süßigkeiten sollten Sie sparsam verwenden.

Gruppe Brot, Getreideflocken, Reis und Nudeln (6–11 Portionen)

Diese Gruppe bezeichne ich manchmal auch als die Vollkorngruppe, obwohl einige Produkte aus Weißmehl hergestellt werden. Das Optimum stellen in dieser Gruppe jedoch immer noch Produkte dar, die aus Vollkorn gewonnen werden, wie beispielsweise Vollkornbrot und Vollkornflocken. Ihr Nährwert ist intakter, und sie enthalten mehr Ballaststoffe. In diese Gruppe gehören auch Brezeln und Cracker. Brezeln stellen eine hervorragende, fettarme Zwischenmahlzeit dar, aber Cracker enthalten häufig eine Menge Fett; achten Sie darauf, und lesen Sie das Etikett.

Eine Portion entspricht:

1	Scheibe Brot
1/2	Tasse gekochte Getreideflocken, Reis oder Nudeln
28 g	Frühstücksflocken
28 g	Brezeln (ungefähr eine normalgroße bayerische Brezel)

Obst-Gruppe (2–4 Portionen)

Zu dieser Gruppe gehören alle frischen Früchte sowie Dosen- und Trocken-obst. Frischobst ist jedoch immer vorzuziehen, da es voller Vitamine, Mineralstoffe, Wasser und Ballaststoffe steckt. Dosenfrüchte sollten nur selten oder überhaupt nicht gegessen werden, da sie für gewöhnlich in Zucker schwimmen. Trockenobst ist keine schlechte Zwischenmahlzeit, sollte aber nur gelegentlich gegessen werden, da es nur wenig Raum im Magen einnimmt und man deshalb dazu neigt, mehr davon zu konsumieren. Das Essen von Obst fällt eigentlich ein Teil unter Schritt neun, und ich werde später noch genauer darauf eingehen.

Eine Portion entspricht:

1	Tasse Erdbeeren, Johannisbeeren, Brombeeren oder Boysenbeeren
1	mittelgroßer Apfel, Orange, Birne, Pfirsich, Grapefruit oder Aprikose
1	0,2 Glas Fruchtsaft
1	Tasse gekochte oder Dosenfrüchte
1	Banane
1	Tasse Trauben

Gemüse-Gruppe (3–5 Portionen)

Diese Gruppe umfaßt alle frischen, tiefgefrorenen und konservierten Gemüsesorten. Frisches Gemüse ist gefrorenem und Konservengemüse jedoch immer vorzuziehen, da es mehr Vitamine, Mineralstoffe, Wasser und Ballaststoffe enthält. Tiefgekühltes Gemüse ist besser als Konservengemüse. Ihr Ziel sollte es sein, auf Konservengemüse ganz zu verzichten. Das Konsumieren von frischem Gemüse ist so wichtig, daß ich es zu einem Teil von Schritt neun gemacht habe.

Eine Portion entspricht:

1/2	Tasse roher oder gekochter Brokkoli, Mais, Rosenkohl, grüne Bohnen
0,2 l	oder eine 3/4 Tasse Tomaten- oder Karottensaft Salat, Tomate und Zwiebel (auf einem Sandwich)
1	Tasse Blattgemüse (als Grundlage für einen Salat)

Gruppe Fleisch, Geflügel, Fisch, Hülsenfrüchte, Eier und Nüsse (2–3 Portionen)

In dieser Gruppe finden sich die Lieferanten von hochwertigem Eiweiß. Diese Gruppe umfaßt auch Nahrungsmittel, die viel Fett und wenig Protein (Eiweiß) enthalten, und darauf müssen Sie natürlich achten. Viel Protein und verhältnismäßig wenig Fett enthalten Hähnchen und Pute (ohne Haut), mageres Rindfleisch. Gelegentlich dürfen Sie auch Schweinefleisch essen. Was Eier angeht, so sollten Sie sich auf das Eiweiß beschränken, denn praktisch alles Fett und das Cholesterin finden sich im Dotter. Auch Nüsse fallen in diese Gruppe, aber sie sollten nur sehr selten oder am besten überhaupt nicht gegessen werden, da sie ausgesprochen fettreich sind.

Eine Portion entspricht:

90 g	Rind, Huhn oder Schwein
1 Tasse	gekochte Bohnen oder andere Hülsenfrüchte
90 g	gekochter Fisch
3	Eier (denken Sie daran, das Eigelb wegzulassen!)

Gruppe Milch, Joghurt und Käse (2–3 Portionen)

In dieser Gruppe können Sie eine Menge Fett einsparen! Sie sollten Magermilch oder Milch mit 1 % Fettgehalt statt Vollmilch wählen, Magerjoghurt und mageren Käse oder Hüttenkäse. Sie sollten sich für gefrorenen Joghurt oder Sorbet anstelle von Eiscreme entscheiden.

Eine Portion entspricht:

0,25 l	Milch
250 g	Joghurt
30 g	Käse (damit meine ich unbehandelten Käse; bei verarbeitetem Käse dürfen es 60 g sein)
2 Tassen	Hüttenkäse

Gruppe Fette, Öle und Süßigkeiten

Zu dieser Gruppe gehören alle Fette und Öle, mit denen man kochen kann. Außerdem umfaßt sie Süßes wie Kuchen, Bonbons, überhaupt alle Nahrungsmittel, die viel Zucker enthalten. Sie werden bemerkt haben, daß diese Gruppe keine Portionsempfehlungen enthält. Je weniger Sie aus dieser Gruppe essen, desto besser. Da Sie Ihrem Körper alles zuführen, was er an Fett benötigt, wenn Sie sich an die Richtlinien für die anderen Gruppen halten, wäre die ideale Anzahl an Portionen aus dieser Gruppe null. Für einige Menschen kann das anfangs sehr schwierig sein. Ist dies bei Ihnen der Fall, reduzieren Sie die Anzahl der Portionen aus dieser Gruppe allmählich, bis Sie das Minimum an Portionen erreichen, das Sie konsumieren wollen. Die Portionen aus dieser Gruppe zu reduzieren gehört mit zum Besten, was Sie für sich und Ihr Gewicht tun können.

Die Nahrungspyramide ist ein ausgezeichnetes Mittel für die Zusammenstellung einer vollwertigen, ausgewogenen Diät. Da sie für Menschen entwickelt wurde, die nicht unbedingt abnehmen wollen, schlage ich nachfolgend noch einiges vor, was speziell für Menschen mit Gewichtsproblemen gilt:

- Verwenden Sie Fette im Rahmen der angegebenen Richtlinien (20–50 Gramm pro Tag)
- Verwenden Sie Magermilch
- Joghurt und Käse sollten wenig Fett enthalten
- Auch das Fleisch sollte mager sein und überschüssiges Fett abgeschnitten werden
- Nüsse sollten gemieden werden
- Sie können bis zu sechs verschiedene Gemüsesorten täglich essen
- Zwei oder sogar drei Stücke Obst sind am besten
- Essen Sie nur eine Scheibe Brot pro Mahlzeit
- Süßigkeiten sollten gemieden oder eliminiert werden.

Abschließend noch ein paar Worte zum Essen

Sie nehmen Mahlzeiten zu sich, um Ihren Energiebedarf zu decken und körperliche Bedürfnisse zu befriedigen, aber auch, um sie zu genießen. Lassen Sie uns also davon sprechen, was es bedeutet, jede Mahlzeit zu genießen. Sie glauben vielleicht, der Genuß hänge davon ab, was oder wieviel Sie essen. Das stimmt aber nur zum Teil. Versuchen Sie, Ihr Hauptaugenmerk darauf zu lenken, mit wem Sie Ihre Mahlzeit einnehmen, auf die Umgebung, in der

Sie essen, und auf das Bewußtsein, daß Sie etwas zu sich nehmen, was gut für Sie ist. Kurz gesagt, konzentrieren Sie sich auf das *Erlebnis*.

Speisen Sie in gemütlicher Umgebung, laden Sie interessante Menschen ein, spielen Sie beruhigende Musik. So haben Sie mehr Spaß als am puren Essen.

Vor einigen Jahren bekam ich eine Kassette mit klassischer Musik geschenkt, die ich gleich zum Abendessen spielte. Ich war viel entspannter als sonst und gewöhnte mir an, beim Abendessen klassische Musik zu hören. Seitdem freue ich mich mehr auf mein Abendessen als früher. Außerdem sorge ich dafür, daß ich mir tagsüber den Appetit nicht verderbe, damit ich die abendliche Mahlzeit wirklich voll auskosten kann. Umgekehrt hatte ich einmal den Fernseher während einer Mahlzeit laufen. Vor dem Gerät aß ich schneller und bekam nicht einmal richtig mit, was ich eigentlich aß. Aller Spaß am Essen schien im Bildschirm zu verschwinden. Anschließend war ich gereizt und unzufrieden. Also: Gestalten Sie Ihre Mahlzeiten zu freudvollen Erlebnissen, und genießen Sie sie.

Es gibt sogar Orte, an denen Sie nicht essen sollten: im Bett, am Schreibtisch, im Auto. Nehmen Sie sich die Zeit, den Genuß selbst zu genießen – nicht allein die Nahrung!

Noch ein letzter Punkt: Es gibt nichts, was Sie niemals essen dürfen. Der Erfolg Ihrer Gewichtsreduktion hängt vielmehr davon ab, was Sie regelmäßig essen und wieviel davon. Wenn Sie einmal über die Stränge schlagen – keine Angst! Rappeln Sie sich auf, und fangen Sie sofort wieder an, sich gut zu behandeln. Wenn Sie alle Schritte beständig befolgen, so ist das der Schlüssel zu einem neuen Leben!

Der Erfolg bei Schritt vier ist Ihnen sicher, wenn Sie auf Fett verzichten und wissen, was Sie essen und wann Sie aufhören sollten. Wenn Sie erst einmal genau wissen, was und wieviel Sie essen sollten, dann werden Sie nach ein paar Versuchen wissen, wie Sie sich verhalten müssen, um Ihr Zielgewicht zu erreichen und nicht wieder zuzunehmen. Ich habe noch mit niemandem gearbeitet, der nicht irgendwann in Einklang mit seinem Körper gekommen wäre, wenn er sich nur die für die Gewöhnung erforderliche Zeit genommen hat. Das gilt bestimmt auch für Sie.

Ein Beispiel

Frühstück
30 g abgepackte Getreideflocken (2 Tassen Weizen)
0,25 l Magermilch
1 Tasse Erdbeeren
1 Glas Grapefruitsaft
Tee

Mittagessen
Putensandwich: 2 Scheiben Brot, 90 g aufgeschnittenes Putenfleisch, Blattsalat, Tomate, Zwiebel
1 Tasse Gemüsesuppe
0,2 l Tomatensaft

Zwischenmahlzeit
250 g Magerjoghurt (Sie können Weizenkeime darüberstreuen, wenn Sie
mögen.)

Abendessen
120 g gebackene Hühnerbrust
1 Tasse brauner Reis
1 Tasse Brokkoli
1 Tasse Mais
1 Scheibe französisches Brot
Mineralwasser mit Kohlensäure und einem Spritzer Zitrone

Zwischenmahlzeit
Brezeln (30 g)

Portionen insgesamt

Brot, Getreideflocken, Reis, Nudeln	7
Obst	2
Gemüse	5
Molkereiprodukte	2
Fleisch, Geflügel, Hülsenfrüchte, Eier, Nüsse	2

TIPS

➤ Hören Sie bei jeder Mahlzeit in sich hinein, ob Sie satt oder zufrieden sind.

➤ Bereiten Sie die Mahlzeiten allmählich mit immer weniger Öl zu, bis Sie es schließlich überhaupt nicht mehr benötigen. Selbst »gesunde« Öle wie Olivenöl sind reines Fett. Auch hier ist weniger mehr.

➤ Entfernen Sie alles sichtbare Fett von Fleisch und Geflügel.

➤ Essen Sie nur mageres Fleisch und Geflügel. Meiden Sie fette Stücke wie Rippchen, Würstchen, Speck, Ente und Gans oder Salami.

➤ Wählen Sie fettarmen Fisch. Reduzieren Sie Ihren Konsum an fettreichen Fischarten wie Makrele, Lachs, Sardinen. Kaufen Sie keinen Thunfisch in Dosen oder anderen, in Öl schwimmenden Fisch.

➤ Fleisch, Geflügel, Fisch und alle anderen Nahrungsmittel werden am besten gebacken, gedämpft oder pochiert zubereitet.

➤ Meiden Sie fette und fritierte Speisen.

➤ Verwenden Sie fettarme Salatsoßen oder Balsamicoessig für Ihre Salate.

➤ Meiden Sie Sahne, Sahnesoßen und Bratensoßen.

➤ Wenn möglich, sollten Sie saure Sahne durch Magerjoghurt ersetzen.

➤ Beschränken Sie sich auf eine Scheibe Brot zu den Mahlzeiten.

➤ Im Restaurant lassen Sie den Brotkorb erst zum Essen kommen.

➤ Für Nudelgerichte gilt: weniger Pasta, mehr Gemüse.

➤ Meiden oder eliminieren Sie fetthaltige Nachspeisen wie Kuchen, Kekse. Wählen Sie Obst, Sorbet oder fettarmen Joghurt.

➤ Essen Sie fettarme Zwischenmahlzeiten. Ersetzen Sie Kartoffelchips, Maischips und Nüsse durch Brezeln, Popcorn, Reiskuchen und rohes Gemüse.

➤ Es kann ein ganzes Leben dauern, allmählich auf immer mehr Fett zu verzichten. Sehen Sie es als Herausforderung. Das kann sogar Spaß machen!

➤ Streichen Sie für den Anfang einen der Nahrungsmittel»übeltäter« ganz von Ihrem Speiseplan.

➤ Denken Sie daran, daß Sie mehr essen *müssen,* wenn Sie körperlich aktiver werden. Aber vergrößern Sie die Essensmenge nur in dem Maße, in dem sich auch Ihr Stoffwechsel allmählich verändert.

➤ Setzen Sie sich realistische Ziele für dauerhafte Veränderungen.

➤ Halten Sie sich an Ihren Zeitplan. Ihre Aufgabe besteht lediglich darin, sich gesünder zu ernähren.

Schritt fünf

Drei Mahlzeiten und zwei Snacks am Tag

Schritt fünf

Essen beschleunigt den Stoffwechsel. Ist das nicht eine tolle Nachricht? Als Bob es mir zum ersten Mal erzählte, war meine Reaktion: »Warum habe ich dann nicht den besten Stoffwechsel der Welt?« Heute kenne ich die Antwort: Es liegt daran, *was* man ißt, *wieviel* man ißt und *wie oft*. Des Rätsels Lösung: Drei Mahlzeiten und zwei Snacks zwischendurch, wobei der Großteil an Kalorien vormittags konsumiert wird. Das hilft schon enorm bei der Gewichtskontrolle.

Ich habe mich davon überzeugt, und trotzdem fällt mir dieser Schritt immer noch am schwersten. Wie die meisten Leute habe ich mich im Laufe der Jahre darauf programmiert, die üppigste Mahlzeit am Abend zu mir zu nehmen. Dabei sollte das Abendessen in bezug auf Kalorien, Menge und Fettgehalt kleiner oder aber höchstens ebenso groß sein wie die beiden anderen Hauptmahlzeiten.

Heute weiß ich, daß ich weniger Hunger habe, wenn ich mehrere kleine Mahlzeiten über den Tag verteile. Hinzu kommt noch, daß es den Stoffwechsel auf Trab hält.

Wenn Sie sich auf diese Weise ernähren, werden auch Sie nie wieder dieses Gefühl von »vollgestopft bis an die Halskrause, will jetzt nur noch auf dem Sofa liegen« bekommen. Die Kalorien werden sehr viel wirksamer verwertet, und Ihr Körper wird sich erkenntlich zeigen.

– Oprah

Joanne versuchte schon seit zwei Jahren, sieben Pfund abzunehmen. Mich suchte sie auf, weil sie glaubte, sie müßte sich noch mehr und anders anstrengen. Als sie mir von ihren körperlichen Aktivitäten berichtete, war ich überrascht, wieviel sie über Sport und Training wußte. Auch ihre Ernährung hatte sie im Griff. Das einzige Problem, das ich sehen konnte, war die Verteilung des Essens über den Tag. Joanne aß nur sehr wenig zum Frühstück, eine Zwischenmahlzeit zwischen Frühstück und Mittagessen, ein kleines Mittagessen und ein verhältnismäßig reichhaltiges Abendbrot – wie es eben so üblich ist.

Die erste Veränderung, die ich vornahm, war, daß ich ihr eine Zwischenmahlzeit am Nachmittag verordnete. Als nächstes erwartete ich von ihr, das Abendessen um etwa 200 Kalorien zu reduzieren und diese Menge gleichmäßig zwischen Frühstück und Mittagessen zu verteilen. Insgesamt nahm sie dadurch zwar mehr Kalorien zu sich – durch die zusätzliche Zwischenmahlzeit –, dies aber früher am Tage.

Neun Wochen später hatte Joanne acht Pfund abgenommen. Sie konnte kaum glauben, daß sie dieses Ergebnis einfach dadurch erzielt hatte, daß sie ihre Kalorien zu einer anderen Zeit aufnahm.

Wäre es nicht toll, wenn wir alle so schnell auf derart kleine Veränderungen der Ernährung ansprechen würden? Dies war Joannes letzter Schritt, um ihr Zielgewicht zu erreichen. Alles andere machte sie bereits völlig richtig. Und in ihrer Stoffwechselkette war dies das letzte Glied, das noch verstärkt werden mußte. Auch Ihnen kann diese Maßnahme helfen. Aber zuerst einmal müssen Sie sie verstehen.

Essen kurbelt den Stoffwechsel an. Tatsächlich können Sie sogar – im vernünftigen Rahmen – mehr essen und dabei abnehmen. Wir haben bereits darüber gesprochen, was und wieviel Sie essen sollten. Lassen Sie uns jetzt darüber reden, wann Sie essen sollten.

Schritt fünf

Wenn Sie drei Hauptmahlzeiten – Frühstück, Mittag- und Abendessen – und zwei Zwischenmahlzeiten zu sich nehmen, verteilen Sie damit Ihre Kalorien über den Tag. Machen Sie nur nicht den Fehler zu glauben, Sie würden abnehmen, wenn Sie auf Mahlzeiten verzichten. Das stimmt nicht. Im Gegenteil, es wirkt sich sogar kontraproduktiv aus, wenn Sie sich mit dem Essen einschränken. Der Stoffwechsel braucht Nahrung, um in Schwung gehalten zu werden. Wenn Sie ihm Nahrung vorenthalten, wenn Sie also zum Beispiel eine kalorienarme Diät machen, reagiert er darauf, indem er dichtmacht.

Sie *müssen* essen. Und Sie müssen häufiger essen. Wenn Sie nur eine große Mahlzeit am Tage zu sich nehmen, geben Sie Ihrem Stoffwechsel nur einen winzigen Schubs. Ansonsten erhält Ihr Metabolismus nur wenig Hilfe. Wenn Sie Ihre Mahlzeiten jedoch gleichmäßig über den Tag verteilen, geben Sie Ihrem Stoffwechsel bei jeder Mahlzeit einen Anstoß.

Lassen Sie mich Ihnen ein Beispiel geben. Nehmen wir einmal an, Sie beschließen, Frühstück und Mittagessen ausfallen zu lassen und alle Zwischenmahlzeiten zu streichen, dafür aber ein Abendessen mit 1600 Kalorien zu sich zu nehmen. Dann würde Ihr Stoffwechsel am Abend einen heftigen Schub bekommen, aber das wäre auch alles. Wenn Sie große Mengen Nahrung auf einmal zu sich nehmen, kommt noch hinzu, daß Ihr Körper zusätzliches Insulin produziert. Das verwandelt die überschüssigen Kalorien, die Ihr Körper nicht benötigt, in Fett. Und das ist ja nicht gerade das, was Sie wollen.

Vergleichen wir nun diesen Tag mit einem anderen, an dem Sie dieselben 1600 Kalorien auf drei Haupt- und zwei Zwischenmahlzeiten verteilen. Jedesmal, wenn Sie etwas essen, erhält Ihr Stoffwechsel einen Impuls. Das heißt, er arbeitet den ganzen Tag über härter. Und Sie haben nicht auch noch den Insulineffekt, den Sie bekommen, wenn Sie nur eine große Mahlzeit zu sich nehmen. Kurz gesagt: Wenn Sie Ihre Mahlzeiten über den Tag verteilen, geben Sie Ihrem Körper nicht das Signal, Fett abzulagern. Wenn Sie hingegen nur eine oder zu wenige Mahlzeiten am Tag zu sich nehmen, heißt es: Fett speichern! Die Botschaft ist einfach: Essen Sie täglich drei Haupt- und zwei Zwischenmahlzeiten!

Einige von Ihnen werden – wie Oprah und ich – eine Kleinigkeit essen müssen, ehe Sie trainieren. Vergessen Sie nicht, daß das Training das erste ist, was Sie am Morgen tun. Ich will damit nicht sagen, daß Sie mit vollem Bauch trainieren sollen. Ich möchte Sie nur darauf hinweisen, daß Sie – wenn Ihr Training intensiver wird und länger dauert – feststellen könnten, daß Sie vor dem Training eine Kleinigkeit zu sich nehmen müssen. Einige von Ihnen werden es vorziehen, überhaupt nichts zu essen. Falls aber doch, brauchen

Sie den kleinen Happen vor dem Sport nicht auf Ihre Haupt- oder Zwischenmahlzeiten anzurechnen. Er wird eher zu einer dritten Zwischenmahlzeit, die Ihnen gestattet ist. Essen Sie sie gleich nach dem Aufwachen, damit Ihr Körper bereit ist, wenn Sie sich für Ihr Training angezogen haben und die Dehnübungen machen. Dieser Snack kann aus Obst, einem englischen Muffin oder etwas Fruchtsaft bestehen. Sie werden selbst am besten wissen, worauf Sie Appetit haben!

Ich habe dieses Kapitel mit dem Beispiel von Joanne begonnen, um Ihnen zu zeigen, wie wichtig es ist, den Großteil Ihrer Kalorien in den frühen Stunden des Tages zu sich zu nehmen. Das wird Ihren Stoffwechsel über sein normales Maß hinaus ankurbeln. Sie erinnern sich: Ihr Stoffwechsel fängt am Morgen langsam an und steigert sich allmählich, bis er zur Abendbrotzeit seinen Höhepunkt erreicht. Um die größtmögliche Wirkung zu erzielen, müssen Sie Ihren Stoffwechsel dann antreiben, wenn er am langsamsten ist, und das ist am frühen Morgen.

Normalerweise haben wir ein kleines Frühstück – wenn wir es nicht sogar ganz ausfallen lassen! –, ein etwas größeres Mittagessen und nehmen die bei weitem größte Mahlzeit am Abend zu uns. Und um es noch schlimmer zu machen, essen wir dann in der Nacht noch kalorienreiche Snacks. Das ist die beste Art, mit Pfunden zu wuchern! Dabei sollten wir ein kräftiges Frühstück zu uns nehmen, ein solides Mittagessen, zwei oder drei Zwischenmahlzeiten und ein leichtes Abendbrot. Idealerweise sollten alle drei Mahlzeiten in etwa dieselbe Kalorienanzahl haben und die Zwischenmahlzeiten jeweils zwischen 80 und 150 Kalorien. Hier ein paar Beispiele, was Sie zu den einzelnen Mahlzeiten essen könnten:

Frühstück:
Ein Omelette aus drei Eiweiß, gefüllt mit Gemüse oder
Zuckerarme Getreideflocken (Weizenschrot, Kleie o.ä.) mit Mager-
   oder einprozentiger Milch oder
Haferschleim (mit oder ohne Obst)

Mittagessen:
Sandwich mit magerem Hühner- oder Putenfleisch und Suppe
   (keine Cremesuppe) oder
Salat (fettarmes oder fettfreies Dressing) mit Hühnchen, Pute oder Fisch
   und Suppe oder
Pute, Huhn oder Fisch mit braunem Reis und Gemüse

Schritt fünf

Abendessen:
Pasta mit Gemüse oder
Pasta mit Huhn oder Fisch oder
Huhn, Pute oder Fisch mit zwei Gemüsesorten und braunem Reis oder
Omelette aus drei Eiweiß mit 200 bis 250 g Kartoffeln und Gemüse

Einige Vorschläge für Zwischenmahlzeiten:
Gemüse (roh oder gekocht, ohne Butter)
Obst
30 g Brezeln
tiefgekühltes fettarmes Obst oder Joghurt-Riegel
Popcorn (gewürzt mit Tabasco, Essig oder Cayennepfeffer)
Reiskuchen
fettarme Kekse
Suppe (keine Cremesuppen)
Ofenkartoffel (ohne Butter oder saure Sahne)
Brauner Reis (ohne Butter)

TIPS

➤ Machen Sie die Übungen zu einem festen Bestandteil Ihres Tages – genauso wie das Zähneputzen.

➤ Setzen Sie sich zum Essen immer hin, vorzugsweise an den Küchen- oder Eßtisch.

➤ Essen Sie nicht am Schreibtisch.

➤ Machen Sie aus jeder Mahlzeit ein Ereignis: Hören Sie Musik, laden Sie interessante Leute ein, essen Sie in einer angenehmen, entspannten Umgebung.

➤ Essen Sie am Anfang dieses Programms nicht zu oft auswärts.

➤ Schränken Sie gesellschaftliche Verpflichtungen ein, wenn Sie wissen, daß dort nur Kalorienbomben serviert werden. Wenn sich die Leute wirklich etwas aus Ihnen machen, werden sie es verstehen.

➤ Seien Sie kreativ bei der Gestaltung neuer fettarmer Gerichte oder Snacks. Das ist auch ein prima Gesprächsgegenstand mit Freunden.

➤ Achten Sie darauf, daß Ihre Snacks nicht mehr als 80 bis 150 Kalorien haben.

➤ Variieren Sie zur Abwechslung die Konsistenz Ihrer Snacks.

Schritt sechs

Vorsicht, Alkohol!

Schritt sechs

Im Sommer 1994 – es war der Sommer vor meinem Marathon – war ich mit ein paar Freunden in Italien. Alan Richman, Korrespondent des Ressorts Essen und Trinken bei der Zeitschrift *GQ*, war auch dabei. Für mich war es himmlisch, mit Alan zu verreisen, der immer genau wußte, wo man am besten essen kann, und das in dem Land mit dem besten Essen der Welt – in Italien! Jeder Abend war ein kleines kulinarisches Fest. Von Mailand bis in die kleinen Städtchen Umbriens aßen wir uns durch frischgebackenes Focaccia-Brot, Meeresfrüchte, Pizza, Pasta, Risotto – wir hatten alles, was Sie sich nur vorstellen können. Abend für Abend tranken wir köstlichen Wein. Ich traf ein Abkommen mit Bob: Laß mich in dieser einen Woche einfach alles essen und trinken, was ich will. Danach werde ich bis nach dem Lauf keinen Alkohol mehr trinken. Ich werde doppelt so hart trainieren. Ich bleibe bei jedem Training im richtigen Bereich. Ich lasse mich durch den Wein nicht von meinem Workout abbringen. Herr im Himmel, es ist schließlich mein Urlaub! Ich kann Wein trinken, wann ich will. Also schlossen wir einen Pakt. Unser Lauftraining würde so weitergeführt werden wie bisher. Bis zum Marathon waren es noch viereinhalb Monate.

Bob hatte mich vorgewarnt, daß ich es nicht schaffen würde, viel Alkohol zu trinken und dennoch bei Kräften zu bleiben. Ich war entschlossen, ihm zu beweisen, daß er sich irrte. Eines Abends hatten wir ein riesiges Festmahl in einem Schloß in Umbrien – mit den besten Weinen, die man sich vorstellen kann. Es war wundervoll.

Der nächste Tag fing ebenso wundervoll an. Der Himmel war blau, er sah aus wie gemalt. Nur ein paar Wolken hingen über den Hügeln Umbriens, Hügeln, die – wenn man in die Ferne schaute – aussahen wie eine endlose Patchworkdecke. Ganz hinten konnte ich eine merkwürdige kleine Kapelle mit einem Glockenturm ausmachen. »Wie schön! Laß uns zu dieser Kirche und zurück laufen«, schlug ich Bob vor. »Sieht aus, als wären das ungefähr sieben Meilen.«

Ich war entschlossen. Felsenfest. Dieser Lauf sollte unvergeßlich werden. Vom Wein des Vorabends wollte ich mich auf keinen Fall behindern lassen. Ich wollte mich in die Hügel stürzen, atmen, mein Tempo, meinen Rhythmus finden und halten. Schon nach einer Minute mußte ich schwer atmen. Was war bloß los mit mir? Konzentration, dachte ich. Konzentrieren, die Füße heben, atmen – ich fange ja gerade erst an. Sieben Meilen ist ein ganzes Stück – mach schon, Mädchen! Vielleicht sollte ich singen. »She'll be coming round the mountain when she comes« – nee, das klappt nicht, kann nicht singen und atmen, nicht genug Luft dafür. Wie hoch ist das hier überhaupt?

Warum habe ich das Gefühl, vor mir wäre eine Mauer, die ich nicht durchbrechen kann? Meine Füße fühlen sich an wie Blei. Oder sind das meine Schenkel – nein, das sind meine ganzen Beine!

Meine beiden Beine sind wie zwei Bleisäulen, die sich einfach nicht bewegen wollen. Schon fünf Minuten gelaufen, und ich kann immer noch nicht gleichmäßig atmen. Zehn Minuten, und ich kann meinen Rhythmus noch immer nicht finden. Dabei wollte ich diesen Lauf so genießen; die Landschaft sah aus wie auf einer Postkarte.

Weiter vorne hörte ich Bob rufen: »Vergiß dein Versprechen nicht!« Ja, ja, ja, vergeß ich schon nicht, sagte ich zu mir selbst. Siehst du denn nicht, wie ich hier kämpfe? Mir ist es gleich, ob ich diese Kapelle mit dem Glockenturm jemals sehe. Aus der Nähe sieht sie wahrscheinlich aus wie jede andere Kirche auch.

Von der Hügelkuppe aus rief Bob zu mir herunter: »Jetzt fängst du an, für den Roten von gestern zu zahlen.« Er ging mir dermaßen auf die Nerven. Ich war frustriert, vor allem über mich selbst. Als er rief: »Komm schon, du schaffst es«, tat ich etwas, was ich nie zuvor getan hatte: Ich zeigte ihm den Vogel!

Ich hörte auf zu laufen und ging den Rest des Weges. Es fiel mir sogar schwer, diesen Hügel im Schrittempo zu erklimmen. Wieviel Wein hatte ich getrunken? Nur genug, um gesellig zu sein. Drei oder vier Gläser höchstens. Es versteht sich wohl von selbst, daß der Wein mich zum Lügner machte. Mein Körper arbeitete einfach nicht so wie sonst. Aus dieser Erfahrung habe ich gelernt, wie negativ sich Alkohol auf ein Training auswirkt, ganz zu schweigen vom Rest des Tages. Man ist einfach nicht so fit. Deshalb bezeichnet man ihn ja auch als Beruhigungsmittel. Es dauerte drei Tage, bis ich wieder das Gefühl hatte, ein normales Training durchziehen zu können. Für Sie ist das vielleicht etwas anders, aber Sie sollten sich über folgendes im klaren sein – Alkohol bremst Sie, und Sie merken es vielleicht nicht einmal. Das Training macht es Ihnen einfach nur bewußter.

– Oprah

Ich habe nie wirklich viel Alkohol getrunken. Aber hin und wieder schmeckt mir an einem sonnigen Nachmittag ein kühles Glas Chardonnay. Ich genieße auch einen guten Rotwein zu einem Abendessen mit Pasta. Und manchmal träume ich an einem heißen Sommertag von einem eiskalten Bier. Wenn ich Sie also jetzt auffordere, auf Alkohol zu verzichten oder Ihren Konsum zumindest einzuschränken, sollten Sie wissen, daß ich es ebenfalls tun mußte.

Obwohl ich die Auswirkungen des Alkohols auf die Körperfunktionen studiert hatte, mußte ich doch erst in einer gewissen Höhe leben, bis ich sie wirklich begriff. Das Apartment, das ich in Telluride, Colorado, gemietet hatte, lag direkt neben dem Skihang auf etwa 320 m über dem Meeresspiegel. In der zweiten Woche, die ich in der Stadt verbrachte, traf ich mich mit ein paar Freunden in der Kneipe. Ich trank ein Bier. Am nächsten Morgen fühlte ich mich schrecklich. Ich wußte zwar, daß sich die Höhe komisch auf

uns auswirken kann, und auch, daß Alkohol, wenn in großen Höhen genossen, ungefähr dreimal so stark wirkt wie auf Höhe des Meeresspiegels. Aber *ein* Bier?

Ungefähr einen Monat später stieß ich mit einem Glas Wein auf die Eröffnung des Sanatoriums an, in dem ich arbeitete. Am nächsten Morgen fühlte ich mich wieder schrecklich. Es mußte der Alkohol sein. Also gab ich ihn für eine Weile auf. Er war es einfach nicht wert. Aber nachdem ich auf den Alkohol verzichtet hatte, stellte ich auch fest, daß ich mich insgesamt wohler fühlte. Man sieht das ganz leicht, wenn man auf großer Höhe lebt. Wohnt man weiter unten, ist es nicht so schnell zu begreifen. Aber Alkohol wirkt sich immer aus, ganz gleich, wie unmerklich.

Wenn es darum geht, abzunehmen oder das Gewicht zu halten, spricht vieles gegen Alkohol. Erstens einmal ist Alkohol recht kalorienreich. Verglichen mit anderen Energiequellen, ist Alkohol kaum besser als reines Fett. Nachfolgend hierzu eine Tabelle:

Kohlenhydrate	=	4 kcal per Gramm
Eiweiß	=	4 kcal per Gramm
Alkohol	=	7 kcal per Gramm
Fett	=	9 kcal per Gramm

Der zweite Punkt gegen Alkohol ist die Tatsache, daß er vom Magen fast sofort in die Blutbahn übergeht, mit anderen Worten: Er macht nicht satt. Das wiederum bedeutet, daß Sie sich zusätzlich noch mit Essen vollstopfen, und das steigert die Gesamtkalorienzahl, die Sie zu sich nehmen.

Und was am schlimmsten ist: Der Alkohol verlangsamt den Stoffwechsel. Er ist ein Beruhigungsmittel. Nach der großen Silvesterfeier wird Ihr Stoffwechsel also bis zum 4. Januar dahindümpeln.

Und als ob drei Minuspunkte nicht bereits genug wären: Alkohol wirkt sich auch noch dauerhaft auf Ihre Bereitschaft und Fähigkeit zu intensivem, qualitativ gutem Training aus. Oprah hatte kürzlich ein paar Gäste, um ihren 42. Geburtstag zu feiern. Sie wandte sich mir zu und meinte: »Ja, Bob, ich bin heute zweiundvierzig geworden, und jetzt trinke ich etwas Champagner.« Ich sagte: »Prima, wo ist mein Glas?« Wir stießen auf ihren Geburtstag an. Jeder ein Glas. Am nächsten Morgen trafen wir uns in der Sporthalle. Wir standen beide auf einem Stepper, als Oprah mich ansah und erklärte: »Das fällt mir heute aber wirklich schwer.« Und ich konnte nur sagen: »Ich weiß.« In den nächsten zehn Minuten sprach keiner von uns ein Wort. Mitten im Training

sagten wir wie aus einem Mund: »Champagner.« Es war das eine Glas vom Vorabend, welches das Training so schwierig machte.

Die Wirkung kann sich tatsächlich tagelang hinziehen. Wenn Sie Alkohol getrunken haben, sind Sie zudem viel eher bereit, auf gesunde Ernährung zu verzichten. Man neigt dann gern zu einer »Was soll's«-Haltung – zumindest so lange, bis der Körper den Alkohol gänzlich ausgeschieden hat.

Aus all diesen Gründen sollten Sie ganz auf Alkohol verzichten, wenn es irgend möglich ist. Wenn Sie nicht bereit sind, ihn vollkommen zu streichen, würde ich empfehlen, den Konsum zumindest zu halbieren. Überschlagen Sie einfach, wieviel Sie in einer Woche trinken, und teilen Sie das Ergebnis durch zwei. Wenn Sie also beispielsweise daran gewöhnt sind, acht alkoholische Getränke pro Woche zu sich zu nehmen, trinken Sie jetzt nur noch vier. Das Gute dabei ist, daß Sie wahrscheinlich nicht mehr so leicht bereit sind, etwas zu trinken, wenn Sie erst einmal angefangen haben, sich einzuschränken, weil Sie die negativen Auswirkungen dann um so deutlicher spüren.

Vor allem vergessen Sie nicht: Je mehr Sie Ihren Alkoholkonsum einschränken, desto mehr nehmen Sie auf lange Sicht ab.

TIPS

➤ Der erste Drink schmeckt meist am besten. Wenn Sie einmal darüber nachdenken, werden Sie feststellen, daß die nachfolgenden Drinks den Schaden nicht wert sind!

➤ Füllen Sie Ihren Magen mit Wasser und Gemüse, ehe Sie ein gesellschaftliches Ereignis besuchen, bei dem Alkohol ausgeschenkt wird.

➤ Reduzieren Sie den Alkohol pro Drink. Füllen Sie Ihren Wein mit Mineralwasser auf. Schorle schmeckt auch!

➤ Lassen Sie sich nicht unter Druck setzen. Wenn Sie auf einer Party das Gefühl haben, Sie müßten ein Glas in der Hand halten, versuchen Sie es mit etwas Alkoholfreiem. Mineralwasser mit Zitrone oder Limone ist eine gute Wahl.

➤ Versuchen Sie es einmal mit Alternativen wie alkoholfreien Getränken oder alkoholfreiem Bier.

➤ Einen guten Wein dürfen Sie durchaus einmal genießen, aber in Maßen.

Schritt sieben

Fasten vor der Nachtruhe

Schritt sieben

Tun Sie's einfach. Hören Sie zwei oder drei Stunden, ehe Sie zu Bett gehen, mit dem Essen auf. Hinterfragen Sie es nicht, versuchen Sie auch nicht zu schummeln und erst eine Stunde vorher aufzuhören. Stehen Sie nicht auf, gehen Sie nicht in die Küche, um sich den berühmten Mitternachtssnack zu holen. Lassen Sie's bleiben!

Dieses kleine bißchen, das Sie vor dem Schlafengehen essen, belastet im Schlaf nur den Magen. Stellen Sie sich dieses hübsche Bild einmal vor. Stellen Sie sich vor, wie es am Morgen immer noch daliegt. Schlimmer noch: Stellen Sie sich vor, wie es an Ihren Schenkeln oder Ihrem Bauch hängt. Verstehen Sie, was ich meine?

Also, ich kann Ihnen nur sagen, ich habe schon bald gemerkt – während ich mit Bob gearbeitet habe –, wie sehr sich dieser Schritt auf mein Gewicht ausgewirkt hat. In den Wochen, in denen ich mich daran hielt, konnte ich damit rechnen, zwei bis zweieinhalb Pfund abzunehmen. Wenn ich schummelte, dann schlug es manchmal vom Abnehmen ins Zunehmen um! Wenn ich heute zu Bett gehe und das Gefühl habe, ich könnte noch eine ganze Kleinigkeit essen, dann stöbere ich nicht in den Schränken herum. Ich mag diesen Hunger. Er verrät mir, daß mein Körper die Fettvorräte plündert. Und wissen Sie was? Ich schlafe besser!

– Oprah

Als Kind aß ich vor dem Zubettgehen immer noch etwas. Milch und Kekse, heißen Kakao, Eiscreme, manchmal sogar ein Stück Pastete. Mom, Dad, meine Schwester und ich trafen uns – meistens im Schlafanzug – entweder in der Küche oder im Wohnzimmer, ehe wir zu Bett gingen. Ich habe mich immer darauf gefreut. Außerdem hieß es, daß man besser schlafen könne – vor allem, wenn man dazu auch Milch trank –, solange die Portionen nicht allzugroß waren. Der Gedanke, diese kleinen Betthupferl aufzugeben, nachdem ich erfahren hatte, daß sie mir nicht guttaten, war hart. Also hielt ich mich nicht daran. Ich mache einfach einen gesunden Snack daraus und genieße ihn zwei bis drei Stunden *vor* dem Zubettgehen. Manche Dinge sind eben einfach heilig!

Hierbei geht es um Planung. Allgemein läßt sich sagen: Je früher Sie essen, desto besser. Je früher Sie aufhören, desto besser.

Wie bereits erwähnt, verändert sich Ihr Stoffwechsel im Laufe des Tages. Am Morgen ist er relativ langsam. Über die nächsten Stunden hinweg stei-

gert er sich allmählich, bis er am Abend seinen Höhepunkt erreicht. Wenn Sie schlafen, fällt Ihr Metabolismus auf sein niedrigstes Niveau ab, das er erreicht, kurz bevor Sie aufwachen. Dann fängt der ganze Kreislauf von vorne an.

Sie haben auch schon gelernt, daß sowohl Essen als auch Sport dazu dienen, dem Stoffwechsel anzukurbeln. Ich kann Ihnen hier nur nochmals empfehlen, am Morgen Sport zu treiben, so daß der Stoffwechsel bereits früh am Tag angekurbelt wird und den ganzen Tag über mehr Kalorien verbrennt. Außerdem wissen Sie schon, wie wichtig es ist, mehr Kalorien auf Frühstück und Mittagessen zu verlagern, fort vom Abendbrot. Auch dies dient dazu, Ihren Stoffwechsel früh am Tag in Schwung zu bringen.

Sie fragen sich vielleicht, warum Sie nicht auch beim Abendessen und vor dem Zubettgehen Kalorien zu sich nehmen können, um Ihren Stoffwechsel anzuregen. Es scheint so, als würde Ihr Stoffwechsel nicht im selben Maße auf das Essen reagieren, wenn es spät am Tag eingenommen wird. Kalorien, die spät am Tag aufgenommen werden, warten praktisch nur darauf, sich in Fett zu verwandeln. Es ist fast so, als wüßte Ihr Körper, daß bald Schlafenszeit ist – und will sich nicht »anturnen« lassen. Und wenn Sie erst einmal eingeschlafen sind, fällt Ihr Stoffwechsel ab, ganz gleich, was Sie gegessen haben. Diese Wirkung ist noch nicht völlig erforscht. Theoretisch ist es jedoch so, daß Ihr Körper spät am Tag einen Stoffwechselhöhepunkt erreicht – vielleicht, weil er sich auf den bevorstehenden Schlaf vorbereiten muß. Dadurch werden Kalorien, die spät am Tage oder, noch schlimmer, kurz vor dem Zubettgehen konsumiert werden, schneller in Fett umgewandelt.

Das alles ist jedoch nur Theorie, denn der Stoffwechsel ist kaum akkurat zu messen. Doch selbst wenn Sie die kleinen Veränderungen nicht messen können, die jeder in Ihren Tagesablauf integrierte Schritt dieses Programms für Ihren Stoffwechsel bedeutet, sollten Sie sich bewußt sein, daß sich die Summe dieser Veränderungen im Laufe der Zeit relativ stark auf Ihr Gewicht auswirkt. Es ist ganz wichtig, daß Sie das verstehen, denn um langfristig erfolgreich abzunehmen, müssen Sie Ausdauer und Geduld beweisen!

Mir ist im Laufe der Jahre aufgefallen, daß Klienten, die es geschafft haben, zwei bis drei Stunden vor dem Zubettgehen nichts mehr zu essen, viel erfolgreicher abnehmen und ihr Gewicht halten als jene, die spät am Abend und kurz vor dem Schlafengehen noch etwas essen.

Das beste Beispiel bin ich selbst. Ich war mein Leben lang immer sehr aktiv und hatte keine großen Probleme mit meinem Gewicht. Als ich aber anfing, auf spätes Essen zu verzichten, nahm ich sofort drei Pfund ab. Das ist für mich eine ganze Menge! Diese drei Pfund kommen nie wieder, solange ich nicht innerhalb dieser zwei Stunden vor dem Schlafengehen esse.

Diejenigen, die es auf lange Sicht geschafft haben, abzunehmen und ihr Gewicht zu halten, waren erfolgreich, weil sie ihre Haupt- und Zwischenmahlzeiten effektiv geplant und den Drang überwunden haben, spät abends noch zu essen. Wenn Sie abends unbedingt etwas essen wollen, stellen Sie sich einfach vor, wie Ihr Körper Ihre Fettreserven angreift, um Ihren Energiebedarf zu decken. Am Anfang werden Sie Ihrem vermeintlichen Hungergefühl noch nachgeben wollen. Aber mit der Zeit werden Sie lernen, daß dieses Gefühl bedeutet, daß Ihr Körper Fett abbaut!

Was nun das Planen Ihrer Haupt- und Zwischenmahlzeiten angeht, so finden Sie nachfolgend einen typischen Tagesplan. Diesen können Sie so abändern, daß er zu Ihrem Tagesablauf paßt.

6.45 Uhr	Aufwachen
7.00 Uhr	Snack vor dem Training
7.15 Uhr	Stretching, Aufwärmen
7.30 Uhr	20 Minuten Powerwalking, zehn Minuten abkühlen, dann Stretching
8.10 Uhr	Duschen
8.30 Uhr	Frühstück
12.00 Uhr	Mittagessen
15.00 Uhr	Zwischenmahlzeit
18.00 Uhr	Abendessen
20.00 Uhr	Zwischenmahlzeit
22.00–23.00 Uhr	Schlafen gehen

Dazu müssen Sie Ihre Gewohnheiten möglicherweise ändern, aber genau darum geht es ja schließlich in diesem Buch. Sie können verschiedene Essenspläne ausprobieren, was Ihre Haupt- und Zwischenmahlzeiten angeht, bis Sie das perfekte System für sich gefunden haben. Denken Sie nur immer daran, zwei bis drei Stunden vor dem Schlafengehen nichts mehr zu essen! Dann werden Sie nicht nur besser schlafen und sich wohler fühlen, es wird Ihnen auch dabei helfen, abzunehmen.

Schritt sieben

TIPS

➤ Das Geheimnis liegt darin, die Mahlzeiten effektiv zu planen. Schieben Sie nicht einfach das Zubettgehen hinaus, weil Sie zu spät gegessen haben. Essen Sie früher, und mit der Zeit werden Sie spät am Abend keinen Appetit mehr haben.

➤ Denken Sie daran, daß das Essen spät am Abend gegen Ihre Interessen geht und unerwünschte Pfunde nach sich ziehen kann. Das wird Ihnen helfen, Abende voller Versuchungen zu überstehen.

➤ Ein kritischer Punkt bei diesem Schritt ist das Frühstück, noch dazu am frühen Morgen. Vielleicht haben Sie anfangs keinen Hunger, aber das ändert sich, sobald Sie sich daran gewöhnt haben, am Morgen als erstes etwas zu essen. Wenn Sie früh am Tag frühstücken, haben Sie den ganzen Tag über – selbst vor dem Zubettgehen am Abend – weniger Hunger!

➤ Nehmen Sie sich außer dem Essen noch andere Dinge vor, damit Sie abends nicht unruhig werden. Lesen Sie ein Buch, sehen Sie sich eine Sendung im Fernsehen an, nehmen Sie ein Bad, oder hören Sie sanfte Musik.

Schritt acht

Täglich sechs bis acht Glas Wasser

Ich habe Wasser in jeder Form probiert, aus der Leitung, abgefüllt und mit und ohne Kohlensäure. Mit einer Scheibe Limone, einer Scheibe Zitrone oder einer Orangenspalte. Mit Kirsch-, Erdbeer-, Pfirsich- und Waldmeistergeschmack, was immer Sie wollen! Ich habe es direkt aus der Flasche getrunken, aus kleinen oder großen, schlichten und verzierten Gläsern. Aber ich mag es immer noch nicht! Trotzdem trinke ich mindestens sechs Glas am Tag, weil ich endlich begriffen habe, wie gut es tut.

Bob und ich liefen endlos, während ich mich auf den Marathon vorbereitete. Wir hatten immer Unmengen von Wasser dabei. Jede Meile trank ich ein paar Schluck – ganz gleich, ob ich durstig war oder nicht. Das unterstützte mich auf jeden Fall bei meinem Training. Ich merkte sofort, wenn mein Körper genug Wasser hatte, weil ich dann anders lief. Außerdem war mir gleich zu Beginn dieses Programms, als ich eine Menge abnehmen mußte, aufgefallen, daß ich die überflüssigen Pfunde erfolgreicher loswurde, wenn ich mich an die Sechs-Glas-Minimum-Regel hielt.

Die Pfunde purzelten leichter, wenn ich diesen Schritt befolgte, und das erkläre ich mir so: Das Wasser spült zusammen mit Giftstoffen und Schlacken auch Fettzellen aus meinem Körper. Ich weiß, daß das nicht gerade die wissenschaftliche Erklärung ist, aber für mich funktioniert sie.

Ich habe auch eine Veränderung meiner Haut bemerkt. Ich habe fettige Haut. Sogar mit 40 hatte ich immer noch Pickel! Aber die kommen immer weniger, je mehr Wasser ich trinke. Ich trinke ein Glas vor dem Training und zwei direkt danach. Ich habe immer eine Literflasche Wasser dabei, wenn wir eine Sendung aufzeichnen. In jeder Werbepause trinke ich ein paar Schluck. Am Ende der Show trinke ich noch zwei Glas. Ein Glas noch zum Mittag- und Abendessen, und damit habe ich mein Soll erfüllt. Inzwischen trinke ich an manchen Tagen sogar ein paar Gläser mehr.

Als ich mit diesem Programm anfing, mußte ich so häufig zur Toilette, daß ich schon dachte, mit meinen Nieren wäre etwas nicht in Ordnung. Mein Körper war einfach nicht daran gewöhnt, soviel Wasser zu bekommen. Lange Zeit hieß es für mich nur: trinken und pieseln. Deshalb achtete ich darauf, daß ich nie zu weit von einer Toilette entfernt war. Aber einmal lief ich gerade eine lange Strecke mit Bob, und zwar auf einer Landstraße in Indiana. Ich mußte viermal anhalten, und da war nichts außer Maisfeldern und Büschen. Bob stand Wache, während ich das beste daraus machte, viermal! Jedesmal dachte ich, wenn sich jemand in den Büschen versteckt und ein Foto davon macht, dann muß der nie wieder arbeiten. Mein Körper hat sich inzwischen daran gewöhnt, aber ich trinke nach 18.00 Uhr immer noch kein Wasser, weil

ich sonst die ganze Nacht rennen muß. Und obwohl ich Wasser auf jede nur erdenkliche Art probiert habe, mag ich es immer noch nicht. Deshalb zähle ich die Gläser!

– Oprah

Einige von Ihnen werden darauf pochen, sie könnten keine sechs bis acht Glas Wasser am Tag trinken. Man hat mir schon erzählt, Wasser würde fad schmecken oder überhaupt nach nichts. Es hieß, es wäre langweilig und das letzte, worauf man Appetit hätte. Andere werden sich fragen, warum ich daraus überhaupt einen eigenen Schritt gemacht habe, weil sie ohnehin schon jeden Tag soviel Wasser trinken.

Wenn Sie sehen, wie das Wasser Ihnen beim Abnehmen helfen kann, dann werden Sie wohl noch mehr davon trinken wollen. Wie an alle anderen Schritte werden Sie sich schließlich auch an diesen ganz routiniert halten. Je mehr Wasser Sie trinken, desto mehr wird Ihr Körper danach verlangen. Sie kommen vielleicht sogar an einen Punkt, an dem Ihr Körper am Morgen als erstes nach Wasser verlangt. Sie werden möglicherweise sogar feststellen, daß nur Wasser Ihren Durst löschen kann.

Wasser ist lebenswichtig. Ohne Wasser würden wir nur zwei bis drei Tage überleben. Das macht es zum wichtigsten Nahrungsmittel. Wasser ist Bestandteil jeder einzelnen Körperzelle und umgibt sie auch, und es wird für praktisch alle Körperfunktionen benötigt. Ungefähr 60 Prozent Ihres Körpergewichts besteht aus Wasser.

Jeden Tag verlieren wir durch die grundlegenden Körperfunktionen eine Menge Wasser. Wenn Sie Sport treiben, scheiden Sie sogar noch mehr aus. Das hängt davon ab, wie intensiv und wie lange Sie Sport treiben, welche Sportart und in welchem Klima. Der Körper muß die Wassermenge, die er enthält, ständig neu regulieren. Sie trocknen aus, wenn der Wasservorrat in Ihrem Körper nicht ausreicht, um diesen Anforderungen gerecht zu werden. Das kann zu einer Vielzahl von Komplikationen führen, bis hin zum Hitz- oder Herzschlag. Auch wenn es nicht ganz so lebensbedrohlich ist, kann eine Austrocknung die Fähigkeit des Körpers, Nahrung zu verdauen und Fett umzuwandeln, doch beeinträchtigen. Da versteht es sich wohl von selbst, daß Wasser für Ihren Körper lebensnotwendig ist, wenn er optimal funktionieren soll.

Was nun den Gewichtsverlust und das Halten des Gewichts angeht, so ist es von höchster Bedeutung, ausreichend Wasser zu trinken. Es gibt mindestens sechs wichtige Gründe dafür:

- *Verdauung und Stoffwechsel* – Diese beiden Körperfunktionen spielen eine besondere Rolle für die Gewichtsreduktion. Wenn Sie nicht genug Wasser bekommen, laufen Sie Gefahr, das Gleichgewicht dieser beiden Körperfunktionen zu stören. Ausreichende Mengen Wasser stellen sicher, daß sowohl die Verdauung als auch der Stoffwechsel Höchstleistungen vollbringen.
- *Die sättigende Wirkung des Wassers* – Wenn Sie sechs bis acht Glas Wasser trinken, können Sie damit Ihren Appetit zügeln. Das Wasser füllt den Magen, so daß Sie nicht zuviel essen.
- *Die Durst-Hunger-Reaktion* – Wenn Sie ausgetrocknet sind, signalisiert Ihr Körper Ihnen vielleicht, daß Sie essen sollten, obwohl er eigentlich Wasser benötigt. Dasselbe gilt für eine ganze Reihe anderer körperlicher Bedürfnisse. So benötigt Ihr Körper Natrium. Also gibt er Ihnen vielleicht das Zeichen, salzhaltige Nahrung zu sich zu nehmen. Was Sie jedoch eigentlich brauchen, ist das Salz, nicht die Kalo-

rien. Ich nenne dieses Phänomen das künstliche Hungergefühl. Wenn Sie alle Bedürfnisse Ihres Körpers befriedigen, einschließlich des Bedarfs an Wasser, können Sie den künstlichen Hunger kontrollieren.

- *Bessere Trainingserfolge* – Sie können wirksamer und auf einem höheren Niveau trainieren, wenn Sie genügend Wasser bekommen.
- *Muskeln brauchen mehr Wasser* – Muskeln bestehen zu etwa 70 Prozent aus Wasser, wohingegen Fett aus weniger als 25 Prozent Wasser besteht. Einer der vielen Vorteile des Trainings ist es, daß Sie Ihr Muskelgewicht nicht nur halten, sondern vergrößern, und Muskeln verbrennen Fett. In dem Maße, in dem Sie Muskeln aufbauen, benötigen Sie mehr Wasser und müssen täglich mehr davon ersetzen. Wasser wird also immer wichtiger, je aktiver Sie sind. Stellen Sie es sich als einen Kreislauf vor: Je mehr Muskeln Sie bilden, desto mehr Wasser wird von Ihrem Körper gespeichert und desto mehr Kalorien werden von diesen zusätzlichen Muskeln verbrannt. Je mehr Muskeln Sie haben, desto mehr Wasser muß Ihnen also zur Verfügung stehen.
- *Glykogen-Speicher* – Glykogen ist eine Form von Kohlehydraten, die in den Muskeln lagert. Sie kann als Energie herangezogen werden, wenn Sie trainieren. Je fitter sie werden, desto mehr Glykogen wird in Ihren Muskeln gespeichert. Jedes Gramm davon bindet etwa drei Gramm Wasser. Entsprechend benötigen Sie mehr Wasser, wenn Sie gut im Training sind.

Zu diesen sechs Gründen kommt noch hinzu, daß der Wasseranteil in Ihrem Körper zunimmt, wenn Sie anfangen, Fett abzubauen. Das bedeutet, daß Sie auch täglich mehr Wasser trinken müssen. Das gilt besonders, wenn Sie aktiver werden. Ihr Körper erhält das Signal, mehr Wasser zu speichern. Für gewöhnlich läßt er Sie wissen, daß er mehr Wasser benötigt, indem Sie Durst verspüren, aber ganz so stimmt das nicht.

Fast alle Körperfunktionen werden erstaunlich akkurat reguliert. Eine Ausnahme bildet der Durstmechanismus. Er ist einfach nicht perfekt. Wenn wir Durst verspüren, befindet sich der Körper bereits in einem Zustand leichter Austrocknung. Mehr noch, selbst wenn der Durst bereits gelöscht ist, können wir immer noch ein wenig dehydriert sein. Deshalb ist es wichtig, den ganzen Tag über Wasser zu trinken. Ebenso wichtig ist es, über den Tag verteilt kleinere Mengen zu trinken (ein oder zwei Gläser von jeweils etwa 0,2 l) und nicht die ganzen sechs bis acht Gläser auf einmal. Wenn wir große

Mengen Wasser auf einmal trinken, wird der Körper nur angeregt, das Wasser auszuscheiden.

Ich hatte nie ein Problem damit, früh am Tag Wasser zu trinken. Und nach einem Training sehnte ich mich nach nichts so sehr wie nach Wasser. Bis Mittag hatte ich gut und gern sechs Glas davon intus. Aber am späten Nachmittag und Abend war ich es müde, nur Wasser zu trinken, und suchte nach Alternativen. Dann entdeckte ich kohlensäurehaltiges Mineralwasser mit einer Scheibe Zitrone. Ein ideales Getränk zum Abendessen. Außerdem trank ich auf diese Weise noch zwei Glas Wasser mehr am Tag. Beachten Sie jedoch bitte, daß Mineralwasser Natrium enthält und für manche Personen nicht zu empfehlen ist. Erkundigen Sie sich diesbezüglich bei Ihrem Hausarzt.

Obwohl sich der Körper das Wasser auf drei verschiedene Arten holt, verlangt Schritt acht, sechs bis acht Glas Wasser am Tag zu trinken. Dadurch wird sichergestellt, daß Sie ausreichend Wasser erhalten. Machen Sie sich keine Gedanken, Sie könnten zuviel Wasser zu sich nehmen; Ihr Körper wird sich des Überflusses schon entledigen. Die Quellen sind:

- *Getrunkene Flüssigkeiten* – Ganz offensichtlich nehmen wir Wasser durch Trinken zu uns. Außerdem enthalten Säfte, Milch und praktisch alle Flüssigkeiten, die wir trinken, Wasser. Aber diese anderen Getränke zählen nicht, wenn es darum geht, Schritt acht dieses Programms zu befolgen.
- *Die Nahrung, die wir zu uns nehmen* – Fast alle Nahrungsmittel enthalten Wasser. Das meiste ist in Obst und Gemüse.
- *Metabolisches Wasser* – Bei der Umwandlung von Energiequellen wie Nahrung oder Glykogen produziert der Körper Kohlenstoff und Wasser, welches auch dazu dient, organische Funktionen aufrechtzuerhalten.

Ich konnte Sie hoffentlich davon überzeugen, wie wichtig es ist, genügend Wasser zu trinken – nicht nur für Ihre Körperfunktionen, sondern auch für die Gewichtsreduktion. Wenn Sie immer noch glauben, Sie könnten nicht soviel Wasser trinken, und sich fragen, wie häufig Sie zur Toilette laufen müssen, vertrauen Sie darauf, daß sich Ihr Körper umgewöhnen wird. Dieser Schritt wird immer leichter, je aktiver Sie sind. Und aktiver werden Sie ja – von Tag zu Tag.

Hier nun ein perfekter »Wassertag«:

Beginnen Sie Ihren Tag mit einem Glas Wasser noch vor dem Training. Danach müßten Sie Durst haben. Trinken Sie dann noch weitere zwei Glas

Wasser. Jetzt haben Sie schon die Hälfte Ihrer täglichen Ration erreicht, und es ist noch immer Vormittag! Trinken Sie zum oder vor dem Mittagessen noch ein Glas. Ein weiteres Glas trinken Sie am Nachmittag. Beenden Sie Ihren Tag mit einem Glas Wasser zum Abendessen. Das ergibt insgesamt sechs Glas. Wenn Sie mehr Sport treiben, möchten Sie sich vielleicht auf sieben oder acht Glas steigern, indem Sie vor oder nach dem Training mehr Wasser trinken.

TIPS

➤ Obwohl auch andere Getränke Wasser enthalten, müssen Sie täglich sechs bis acht Glas frisches Wasser konsumieren.

➤ Versuchen Sie, den Konsum von Koffein einzuschränken, da Koffein stark harntreibend wirkt und Ihren Körper anregt, Wasser auszuscheiden. Wenn Sie Tee oder Eistee trinken, versuchen Sie es mit Kräutertee. Man kann ihn zwar nicht auf Ihre sechs oder acht Glas Wasser anrechnen, aber er enthält kein Koffein und ist gesünder.

➤ Stilles Wasser ist am besten, aber Sie können auch kohlensäurehaltiges Wasser mitzählen, wenn es darum geht, diesen Schritt zu befolgen. Auch wenn kohlensäurehaltiges Wasser mild harntreibend wirkt, ist es meines Erachtens gut geeignet. Mineralwasser mit Zitrone oder Limone schmeckt zum Abendessen besonders gut.

➤ Sorgen Sie dafür, daß Sie jederzeit Wasser zur Verfügung haben. Vielleicht tragen Sie am besten immer eine Flasche bei sich.

➤ Probieren Sie verschiedene Sorten Mineralwasser, sowohl stilles als auch kohlensäurehaltiges. Finden Sie Ihr Lieblingswasser heraus!

➤ Spielen Sie ein wenig mit den Zeiten, zu denen Sie trinken, und auch mit den Mengen, bis Sie ein System gefunden haben, das für Sie geeignet ist.

➤ Vermeiden Sie es möglichst, spät am Abend noch Wasser zu trinken, denn das führt nur dazu, daß Sie in der Nacht aufwachen!

Schritt neun

Zweimal Obst und dreimal Gemüse

Schritt neun

Seit nunmehr etwa fünf Jahren ernähre ich mich ganz bewußt fettarm. Als ich damit anfing, ödeten Obst und Gemüse mich bald an – und wie! Nachdem ich schon all die anderen Diäten ausprobiert hatte, kannte ich gedünsteten Brokkoli, Äpfel als Zwischenmahlzeit, Sellerie- und Karottenstückchen im Kühlschrank. Fad!

Heute weiß ich, daß eine ganze Welt von Obst- und Gemüsesorten nur darauf wartet, entdeckt zu werden. Eines meiner Lieblingsgerichte ist neuerdings ein warmer Gemüsesalat, der all meine Lieblingsgemüse enthält: Zucchini, Aubergine, Mais, Tomaten, Erbsen – angewärmt und über Blattsalat verteilt. Wer hätte vor fünf Jahren gedacht, daß das einmal mein Lieblingsessen werden würde? Ich bestimmt nicht!

Was Obst angeht, so habe ich mein Leben lang das gegessen, was die meisten Leute essen – Äpfel, Orangen, vielleicht zur Abwechslung mal ein paar Weintrauben. Die esse ich auch immer noch, aber ich kenne inzwischen mehr Obstsorten und habe ein paar neue Vorlieben entdeckt. Mango und Papaya stehen ganz oben auf meiner Liste. Auch Honigmelone, wenn sie genau die richtige Reife hat.

Inzwischen esse ich gern etwas Obst vor dem Sport. Und zum Nachtisch wähle ich häufig Obstsalat – Erdbeeren, Blaubeeren und Mango mit einem Löffel halbgefrorenem Joghurt. Das schmeckt so toll, daß ich am liebsten jeden davon überzeugen würde.

Es ist erstaunlich, wie sich das Geschmacksempfinden verändert, wenn man sich an die gesunde Ernährung gewöhnt hat. Dieser Schritt ist ein guter Anfang.

– Oprah

Ich habe gut reden! Ich habe – bis zum Ende meiner Studienzeit zumindest – immer einen großen Bogen um Obst und Gemüse gemacht. Dann stellte ich fest, daß ich Obst mochte. Aber es dauerte noch acht Jahre, bis ich auch Gefallen an Gemüse fand. Im Nu fühlte ich mich wohler, hatte mehr Energie, wurde fitter und – ja, ich senkte auch meinen Anteil an Körperfett. Inzwischen liebe ich Obst und Gemüse. Und Ihnen wird es nicht anders gehen!

Obst und Gemüse sind reich an Nährstoffen. Sie enthalten Wasser, Vitamine, Ballaststoffe und Mineralien. Und sie bilden einen wesentlichen Bestandteil guter Ernährung und vernünftigen Essens. Einfach dadurch, daß

Sie täglich zwei Stück Obst und mindestens drei Sorten Gemüse essen, können Sie schon viel erreichen.

Erstens können Sie fast sicher sein, Ihre empfohlene Tagesmenge von vielen Vitaminen und Mineralstoffen abzudecken, wenn Sie sich an diesen Schritt des Programms halten. Außerdem enthalten sowohl Obst als auch Gemüse relativ wenig Kalorien, was für das Abnehmen von großem Wert ist, und schließlich sättigen beide gut. Sollte es mir trotz allem noch nicht gelungen sein, Ihnen Obst und Gemüse schmackhaft zu machen, dann lassen Sie sich gesagt sein, daß die gesundheitlichen Vorteile weit über die Gewichtskontrolle hinausgehen. Neuere Studien unterstützen die Ansicht, daß das Essen von mindestens fünf Obst- und Gemüsesorten das Risiko, an verschiedenen Krebsarten zu erkranken, drastisch mindert. Ich glaube, ich habe mich klar ausgedrückt: Essen Sie mindestens zwei Stück Obst und drei Sorten Gemüse am Tag! Viele Leute werfen Obst und Gemüse in einen Topf, aber es gibt da durchaus Unterschiede. Lassen Sie uns zuerst über Obst sprechen.

Obst enthält Fruktose. Das ist einfach Fruchtzucker, der sich leicht in Fett umwandeln läßt. Warum also fordere ich Sie trotzdem auf, Obst zu essen? Einfach deshalb, weil Obst auch viele wichtige Nährstoffe enthält. Die Vorzüge wiegen jegliche Nachteile locker auf. Sie erinnern sich vielleicht auch noch von der Nahrungspyramide her daran, daß sie einen wichtigen Bestandteil eines abgerundeten Ernährungsplans bilden.

Manche Obstsorten sind besser als andere, denn der Gehalt an Zucker, Vitaminen, Wasser, Mineral- und Ballaststoffen variiert. Zu den besten Obstsorten gehören:

- Erdbeeren
- Äpfel (grüne Äpfel enthalten am wenigsten Zucker)
- Blaubeeren
- Grapefruit (einschließlich Grapefruitsaft)
- Birnen
- Orangen
- Boysenbeeren
- Papaya
- Preiselbeeren (einschließlich Preiselbeerensaft, jedoch nicht Preiselbeerensoße)
- Brombeeren
- Guave
- Cantaloupemelonen.

Schritt neun

Von Zeit zu Zeit können und sollten alle Sorten gegessen werden, aber nachfolgend gebe ich Ihnen eine Liste der Obstsorten, die mehr Zucker und damit auch mehr Kalorien enthalten und somit seltener gegessen werden sollten.

- Kokosnuß (enthält auch verhältnismäßig viel Fett)
- Bananen (dennoch eine gute Zwischenmahlzeit, die zusammen mit Müsli hervorragend schmeckt)
- Weintrauben
- Datteln
- Dosen- und anderweitig verarbeitetes Obst
- Trockenfrüchte.

Einige grundlegende Tips zum Essen von Obst:

- Obst eignet sich hervorragend als Zwischenmahlzeit
- Obst ist ein toller »Starter« vor dem Frühsport
- Rohes Obst ist am besten. Möchten Sie es aber unbedingt zubereitet haben, ist gebacken oder gedämpft besser als durchgekocht. Beim Kochen gehen die gesunden Inhaltsstoffe der Früchte verloren.
- Obstsaft zählt wie eine Frucht! Da unbehandeltes Obst jedoch mehr Ballaststoffe enthält, ist es dem Saft vorzuziehen.

Gemüse ist eine Goldgrube an Nährstoffen. Wie Obst ist auch Gemüse reich an Vitaminen, Wasser, Mineral- und Ballaststoffen. Es hat aber gegenüber dem Obst noch einen Vorteil. Gemüse besteht hauptsächlich aus Kohlenhydraten, die sich nicht so leicht in Fett umwandeln lassen wie einfacher Zucker. Außerdem enthalten die meisten Gemüsesorten weniger Kalorien als Obst.

Gemüse ist ein wichtiger Bestandteil der gesunden Ernährung. Wenn ich von frischem Gemüse spreche, dann meine ich natürlich roh oder gedämpft, ohne Öl oder Butter.

Salate sollten ohne fettreiches Dressing gegessen werden. Wenn Sie Gemüse so zubereitet zu sich nehmen, kann es enorm dazu beitragen, Ihr Idealgewicht zu erzielen. Es senkt auch Ihr Risiko in bezug auf verschiedene Krebsarten und Herzkrankheiten.

Ich könnte Ihnen noch Unmengen weiterer Vorteile des Gemüseessens aufzählen. Statt dessen sage ich jedoch lieber nur: Essen Sie es mindestens dreimal am Tag, und überlegen Sie, ob Sie nicht vier-, fünf- oder sogar sechs-mal Gemüse essen können, wenn es Ihnen gefällt!

Zu den besten Gemüsesorten gehören:

- Alfalfasprossen
- Artischocken
- Brokkoli
- Rosenkohl
- Weiß- und Rotkohl
- Karotten
- Sellerie
- Aubergine
- Grüne Bohnen
- Grünkohl
- Lauch
- Pilze
- Okraschoten
- Grüner Salat
- Zwiebeln
- Schalotten
- Spinat
- Kürbis
- Tomaten
- Steckrüben
- Brunnenkresse
- Zucchini.

Folgende Gemüsesorten sollten gemieden oder nur selten gegessen werden:

- Avocado (sehr fetthaltig)
- konserviertes, bearbeitetes oder tiefgekühltes Gemüse.

Wenn Sie nicht daran gewöhnt sind, Obst und Gemüse in der empfohlenen Menge zu sich zu nehmen, haben Sie am Anfang vielleicht Probleme. Wenn Sie sich jedoch allmählich gesünder ernähren und ein aktiveres Leben führen, wird Ihr Körper automatisch nach Obst und Gemüse verlangen. Wie immer gilt also auch hier: Haben Sie Geduld!

Schritt neun

TIPS

➤ Gemüse kann und sollte mit Nahrungsmitteln wie braunem Reis und Pasta kombiniert werden, um eine ansprechende Mahlzeit zu ergeben.

➤ Eine oder zwei Gemüsesorten sollten immer zum Abendessen gegessen werden.

➤ Rohes Gemüse ist eine hervorragende Zwischenmahlzeit. Im Grunde sogar die beste. Beispielsweise Mohrrüben, Sellerie, roher Brokkoli oder roher Blumenkohl.

➤ Gemüse wird am besten roh, gedämpft oder gegrillt verzehrt, nicht gekocht oder fritiert.

➤ Sie benötigen nur wenig oder gar kein Öl, um Gemüse zuzubereiten. Wenn Sie an die Verwendung von Öl gewöhnt sind, schränken Sie die Menge nach und nach ein.

➤ Versuchen Sie, mehr Gemüse zu Zeiten zu essen, an denen Sie normalerweise keines zu sich nehmen. Versuchen Sie es zum Frühstück, mittags und bei den Zwischenmahlzeiten.

Schritt zehn

Neuer Tag – neues Glück

Schritt zehn

Ich erinnere mich noch an 1995. Der Marine Corps Marathon lag schon fast ein Jahr hinter mir. Ich mußte noch 23 Runden laufen, um mein Tagespensum von fünf Meilen zu erreichen. Warum fiel es mir an diesem Tag bloß so schwer? Es war noch nicht einmal 6 Uhr früh, aber ich hatte das Gefühl, schon den ganzen Tag trainiert zu haben. Atmete ich falsch, oder hatte ich zwei Eichenklötze anstelle meiner Beine, die mich daran hinderten, eine Meile in weniger als 9,37 Minuten zu laufen? »Jeder Schritt ist ein Kampf«, erklärte ich Bob. »Warum muß es für mich so hart sein – es wird einfach nie leichter!« fügte ich noch hinzu. Ich wollte anhalten, mit der Faust an die Wand schlagen und nur noch schreien. »Ich kann einfach nicht glauben, daß es für alle so schwer sein soll. Kämpfen, kämpfen, kämpfen. Hört das denn nie auf?« Ich schrie inzwischen tatsächlich.

»Warum siehst du es als Kampf?« meinte Bob ruhig – der wie üblich drei Schritte vor mir lief. »Warum siehst du die ganze Sache nicht einfach aus einem anderen Blickwinkel? Stell es dir doch so vor, daß du dich jeden Tag erneuerst. So fühlt es sich an. Und das gehört dazu. An manchen Tagen ist es schwerer als an anderen, aber dein Körper gibt dir jeden Tag alles, was er hat. Tu einfach, was du kannst. Heute mußt du damit arbeiten. Das ist die heutige tägliche Erneuerung.«

In diesem Augenblick ging mir eine ganze Stallaterne auf! Das war's! Das war mein Durchbruch, war die Antwort für mich! Er hatte recht! Ich gab mein Bestes mit dem, was mir an diesem Tag zur Verfügung stand. Ich begriff auch, daß ich in den vergangenen zweieinhalb Jahren mein Bestes gegeben hatte, und dadurch vermochte ich Dinge, die ich vorher nie geschafft hätte. Ich war zufrieden mit meinen Bemühungen und mit mir. Die Anstrengungen, die ich jeden Tag auf mich nehme, sind nötig, damit ich in Form bleibe und mich wohl fühle. Die einzige Frage war jetzt, ob ich bereit war, Tag für Tag zu tun, was nötig war. Zum ersten Mal im Leben und nachdem ich weiß, was nötig ist, kann ich ganz ehrlich sagen – ja.

Die Leute fragen mich oft, was mich dazu motiviert, jeden Tag zu trainieren und mich richtig zu ernähren. Ich erwidere dann häufig scherzhaft: »Ich will meinen fetten Arsch nicht zurück.« Auch wenn das zum Teil stimmt, so lautet die wahre Antwort, daß ich nie wieder von dem zusätzlichen Gewicht gelähmt werden will. Die Völlerei, die fehlende Bewegung und die unweigerliche Gewichtszunahme waren meine Art, Gefühle zu ersticken und zu unterdrücken, Schmerz und Unwohlsein fortzuschieben und meinen wahren Empfindungen aus dem Weg zu gehen.

Die Wahrheit ist, daß ich bei allem beruflichen Erfolg mein ganzes Leben

lang Angst gehabt habe. Angst davor, nicht gemocht zu werden. Angst, die Gefühle anderer Menschen zu verletzen. Angst vor der Konfrontation. Angst davor, ausgenutzt zu werden. Angst, Liebe zu zeigen.

Doch die wahre Liebe fängt bei einem selbst an. Man kann anderen Menschen geben und geben und geben. Kann für sie sorgen, sie umhegen und unterstützen. Aber erst die Unterstützung, Fürsorge und Liebe, die man sich selbst schenkt, geben uns die Kraft, andere wirklich zu lieben und für sie zu sorgen. Es war schwer für mich und hat lange gedauert, das zu lernen, aber endlich komme ich jetzt dorthin.

Jeden Tag gebe ich mir nun Mühe, für mich selbst zu sorgen, trainiere, esse gesund, stelle mich meinen Gefühlen und begrabe sie nicht unter einer Riesenpackung Schokoriegel, konfrontiere Menschen, wenn es nötig wird, sage ihnen die Wahrheit und bin auch ehrlich mir selbst gegenüber. Das hat mein Leben verändert – ich bin aus meinem ureigenen Gefängnis befreit worden.

Ich fühle mich frei. Frei, im Hier und Jetzt zu leben. Frei, alles und jeden zu genießen. Wenn Schmerz, Verrat, Verurteilung oder Mißgeschick kommen, nehme ich auch sie hin. Ich kann mich ihnen stellen und weiß, daß auch sie vorübergehen – wie alles andere. Ich habe keine Angst mehr. Ich habe die Verbindung zu mir selbst hergestellt.

Es hat lange gedauert, bis ich soweit war. Es ist keine leichte Reise. Um ehrlich zu sein: Das Übergewicht abzulegen und damit alles, wofür dieses Gewicht stehen kann, könnte eines der schwierigsten Unterfangen überhaupt sein. Aber es kann sich mehr lohnen als vieles andere – für mich jedenfalls war es so. Zweifellos stehen ein paar von Ihnen jetzt da, wo ich vor drei Jahren stand. Sie haben alles versucht, haben viele Male versagt und glauben, daß nichts funktioniert. Sie müssen Ihre Wahrnehmung ändern. Es geht nicht um Ihr Gewicht, es geht darum, sich Tag für Tag zu verwöhnen. Erneuern Sie sich! Erneuern Sie sich! Erneuern Sie sich!

Die zehn Schritte werden Sie dahin bringen, die Verbindung herzustellen.

– Oprah

Selbst wenn Sie die zehn Schritte getreu befolgen, können Sie nicht damit rechnen, daß jeder Tag im Jahr perfekt wird. Sie werden vollkommene Tage erleben, gute Tage, mittelmäßige Tage und einfach schreckliche Tage. So ist das nun mal im Leben. Aber das Schöne an der täglichen Erneuerung ist, daß Sie – ganz gleich, wie das Gestern gelaufen ist – heute die Gelegenheit haben, es besser zu machen. Schritt zehn ist der wichtigste. Er wird Ihnen helfen, Ihr Gewicht für immer unter Kontrolle zu halten. Ich habe mir diesen Schritt bis zum Schluß aufgehoben. Aber er wird der erste sein, den Sie jeden Tag machen müssen.

Sich jeden Tag zu erneuern ist mehr als ein Schritt. Es ist eine Philosophie – eine Lebenseinstellung. Sie müssen sich jeden Tag daran erinnern, daß Sie leben und daß es soviel gibt, was Sie in Ihrem Leben noch erledigen wollen. Es ist eine Bestätigung dessen, was Ihnen wirklich wichtig ist. Ganz offensichtlich geht dieser Schritt weit über das Ziel hinaus, einfach nur abzunehmen. Andererseits geht es in diesem Buch eben nicht nur einfach darum abzunehmen. Die tägliche Erneuerung ist eine Aussage darüber, wie Sie sich Ihren Tag – und letztendlich Ihr Leben – wünschen. Es ist Ihre Seele, die zu Ihrem Herzen spricht, Ihr Herz, das diesen Wunsch für Ihren Geist übersetzt, und Ihr Geist, der Ihrem Körper Anweisungen gibt. Es ist eine Erklärung Ihrer Liebe zu sich selbst!

Eines der Ziele dieser Stufe besteht darin, Ihnen zu zeigen, daß Sie die Kontrolle über die Ereignisse in Ihrem Leben haben. Aber um diese Kontrolle zu gewinnen, müssen Sie erst einmal sich selbst kennenlernen, und dann müssen Sie wissen, was Sie wollen. Sie müssen die Verantwortung für alles in Ihrem Leben übernehmen, und schließlich müssen Sie sich jeden Tag wieder an Ihre Ziele erinnern und daran, was Sie tun wollen, um auf sie hinzuarbeiten. Darum geht es bei der täglichen Erneuerung. Dieser Schritt kann Sie dazu bringen, sich zu akzeptieren und schließlich auch zu lieben.

Es ist unerläßlich, diesen Schritt jeden Tag zu befolgen. Die tägliche Erneuerung beginnt mit dem Aufwachen. Sie nehmen sich ein paar Augenblicke Zeit, um sich zu sagen, was für Sie wichtig ist, was Sie erreichen möchten und welche Schritte Sie an diesem Tag unternehmen wollen, um diesen Zielen näher zu kommen. Es können langfristige oder kurzfristige Ziele sein. Es können Ziele sein, die sich auf Ihren Körper und Ihre Gesundheit beziehen, einfach alles, was Sie gern erreichen möchten. So könnten Sie beispielsweise am Morgen aufwachen und sich selbst verkünden: »Ich will mich mehr um mich selbst kümmern, und ich bin bereit, alles zu tun, was dazu nötig ist. Heute heißt das, daß ich alle zehn Schritte ausführen werde. Das soll mein Geschenk an mich selbst sein.« Am Anfang werden Sie vielleicht finden, daß es am besten ist, ihre Erneuerungsaussage aufzuschreiben. Später können Sie sie dann laut sprechen – oder einfach nur innerlich zu sich selbst. Was immer für Sie in Frage kommt.

Sie werden diese Aussage den ganzen Tag über im Hinterkopf haben und besonders dann darauf zurückgreifen, wenn Umstände und Ereignisse Sie von Ihren eigentlichen Wünschen abbringen wollen. Denken Sie an das Versprechen, das Sie sich selbst an diesem Morgen erst gegeben haben. Das wird Ihnen Kraft geben.

An jedem Abend sollten Sie sich dann die Zeit nehmen, Ihren Tag Revue passieren zu lassen. Sie können in einem Tagebuch aufschreiben, was passiert ist. Wie hätten Sie diesen Tag besser gestalten können? Was ist schiefgegangen, was richtiggelaufen, wie kann es morgen anders sein. Beglückwünschen Sie sich nach tollen Tagen. Analysieren Sie Tage, die nicht so toll waren.

Schritt zehn

Danach legen Sie die vergangenen 24 Stunden zu den Akten, und bereiten Sie sich darauf vor, sich morgen wieder zu erneuern: neuer Tag – neues Glück.

Auf dem Papier klingt das so einfach. Aber es werden Tage kommen, die Ihre Geduld und Willenskraft auf die Probe stellen. An Tagen, an denen Sie die Herausforderung annehmen, haben Sie allen Grund, sich zu loben. Wenn Sie es einmal nicht schaffen, geben Sie sich die Gelegenheit, es beim nächsten Mal besser zu machen.

Ich habe bereits mehrfach erwähnt, daß ein Tagebuch bei der täglichen Erneuerung sehr hilfreich sein kann. Ehe ich Oprah kennenlernte, habe ich meine Klienten oft ermuntert, ein Tagebuch oder Journal zu führen. Auch, wenn es nur ganz einfache Notizen waren – sie hielten darin ihr Zielgewicht und alles, was sie aßen, ebenso fest wie die Zeiten, zu denen sie trainierten –, fanden sie es doch sehr nützlich. Mir half es zu überprüfen, welche Fortschritte sie machten. Als ich Oprah kennenlernte, freute ich mich, daß sie fast ihr Leben lang Tagebuch geführt hatte. Während des Trainings erinnerte sie sich manchmal an Geschichten aus ihrem Journal, und ich war jedesmal wieder erstaunt, wie detailliert sie die Ereignisse und ihre diesbezüglichen Gefühle festhielt. Diese Details halfen Oprah zu erkennen, wann und warum sie aß.

Seit ich mit ihr arbeite, bin ich der Überzeugung, daß es zu den wichtigsten Aspekten eines Tagebuchs gehört, seine Gefühle ganz akkurat zu beschreiben. Man kann so viel über sich selbst lernen. Erst beim Schreiben, später dann, wenn man zurückblickt und feststellt, wie sehr man sich verändert hat. Heute ermutige ich meine Klienten, rückhaltlos über ihre Gefühle, ihr Essen, Training, ihre Motivation und ihr Leben im allgemeinen zu schreiben. Ich fordere sie auch auf, ihre Erklärung bezüglich der täglichen Erneuerung festzuhalten. Diese Technik hat sich als unschätzbar wertvoll erwiesen, und ich kann sie Ihnen nur wärmstens empfehlen.

Ein solches Tagebuch kann Ihnen auch dabei helfen, die Durchführung der anderen neun Schritte zu organisieren, die Sie jeden Tag zu bewältigen haben. Sie sollten Ihr Journal mindestens drei Monate führen. Nach Ablauf dieser Zeit werden alle zehn Schritte so sehr Bestandteil Ihres täglichen Lebens geworden sein, daß Sie sie ausführen, ohne einen weiteren Gedanken daran zu verschwenden. Danach bleibt es Ihnen überlassen, ob Sie weiterhin Tagebuch führen wollen oder nicht. Denken Sie daran, daß Ihre Notizen so individuell sein können wie Sie selbst. Um Ihnen zu zeigen, wie ein Journal organisiert werden könnte, folgt hier eine Liste der Dinge, die Sie darin aufnehmen können:

- Ihre Aussage zur täglichen Erneuerung (schreiben Sie sowohl Ihre Ziele auf als auch, was Sie tun wollen, um sie zu erreichen)
- Ihr wöchentliches Gewicht, wenn Sie wollen
- Ihre Leistung bezüglich jedes der zehn Schritte
  Ihre Trainingsroutine, wie lange und auf welchem Niveau
  Anzahl von gegessenem Fett in Gramm
  Anzahl von Mahlzeiten und Zwischenmahlzeiten
  Anzahl alkoholischer Getränke
  Wann Sie abends zum letztenmal gegessen haben und wann Sie ins Bett gegangen sind
  Wie viele Glas Wasser Sie getrunken haben
  Anzahl der konsumierten Obst- und Gemüsesorten
- Warum und wann Sie aufgrund von Streß oder Emotionen gegessen haben
- Ihr Gefühl im allgemeinen, Essen, Sport und das Leben betreffend
- Alle wirklich guten Erlebnisse oder Gefühle, die Sie im Laufe des Tages hatten
- Wie Sie Ihre Gesamtleistung dieses Tages beurteilen
- Denken Sie darüber nach, wie Ihr Tag verlaufen ist und wie Sie es morgen besser machen können

Ein Tagebucheintrag könnte etwa so aussehen:

4. November 1995, 5.30 Uhr
Ich bin immer noch müde, nachdem ich gestern sechs Meilen gelaufen bin. Meine Beine fühlen sich an wie zwei Bleirohre. Es wird schwer werden, das Tempo beizubehalten, das ich die ganze Woche gehalten habe. Ich werde mein Bestes tun.

20.17 Uhr. Was das Essen angeht, habe ich mich gut gehalten. Ich habe drei fettarme Kekse gegessen statt zwei, aber ich rege mich deshalb nicht auf. Ich habe soviel Wasser getrunken – acht volle Gläser! Bei der Aufzeichnung der zweiten Show mußte das Band zweimal angehalten werden, weil ich eine »Pinkel-Pause« einlegen mußte!

Irgendwoher habe ich heute Kraft genommen. Hab' sie aus meinen Schenkeln gesogen! Ich staune immer noch darüber, daß ich den Tag so anfangen kann: Komme kaum aus dem Bett, laufe fünf Meilen und fühle mich danach tatsächlich wohler! Habe um 19.00 Uhr aufgehört zu essen. Werde versuchen, morgen eine Sekunde schneller zu sein!

Schritt zehn

Sie können ein leeres Heft oder ein Notizbuch nehmen. Wichtig ist, daß Sie alle zusätzlichen Informationen hinzufügen, von denen Sie glauben, daß sie nützlich sind. Sie können Ihr Tagebuch neben dem Bett aufbewahren und die Eintragungen abends machen, oder Sie können es tagsüber bei sich haben und die Ereignisse festhalten, wann immer sie stattfinden. Das bleibt ganz Ihnen überlassen.

Um die tägliche Erneuerung wirklich zu verstehen und davon zu profitieren, müssen Sie noch mehr erleben. Ich möchte Ihnen gerne zwei Ideen vorstellen. Sie gehen Hand in Hand mit der täglichen Erneuerung.

1. Das Leben im Hier und Jetzt.
2. Freude am Leben finden.

Ich glaube, daß es Ihnen schwerfallen wird, die erzielten Ergebnisse beizubehalten, wenn Sie diese beiden Konzepte nicht in Ihr Leben einbauen. Was noch wichtiger ist: Ich kann mir kein erfülltes Leben vorstellen, wenn man nicht im Hier und Jetzt lebt und wahre Freude erfährt. Der eine oder andere von Ihnen kennt diese Konzepte vielleicht schon. Andere mögen sie für böhmische Dörfer halten.

Als ich anfing, mit Leuten zu arbeiten, die aus gesundheitlichen Gründen abnehmen oder ihr Wohlbefinden steigern wollten, habe ich diese Konzepte niemals erwähnt. Mir ist jedoch aufgefallen, daß alle Menschen, mit denen ich es zu tun hatte, sich entweder mit der Vergangenheit oder der Zukunft beschäftigten. Sie schienen die Gegenwart niemals zu erleben. Wenn ich jetzt zurückschaue, wird mir klar, daß die meisten dieser Menschen sich nie wirklich freuten. Die beiden Konzepte hängen miteinander zusammen. Es ist viel einfacher, wahre Freude zu erfahren, wenn man »im Hier und Jetzt« lebt.

Ich kann mich auch noch an eine Zeit in meinem Leben erinnern, in der viele wunderbare Dinge passierten. Aber ich habe mir nie die Zeit genommen, sie zu schätzen. Ich war immer so sehr auf die Zukunft fixiert. Ich dachte, wenn ich mich so verhalten würde, würden mehr von diesen großen Dingen geschehen. Heute ist mir klar: Was ist der Sinn von guten Dingen, wenn Sie nie als solche erkannt oder geschätzt werden, während sie geschehen?

Nie werde ich einen Augenblick vor etwa zehn Jahren vergessen. Ich war allein, lief an einem meiner Lieblingsplätze – Telluride, Colorado – Ski. Telluride gehört zu den landschaftlich reizvollsten Gegenden der Welt. Und da stand ich nun auf einem Hügel und schaute ins Tal. Jenseits des Tales konnte ich die Berge von Utah sehen. Es war ein unglaublich klarer und schöner

Tag. Der Schnee war tief, weißes Pulver. Die Sonne strahlte. Die Luft war frostig-frisch. Und als ich so dastand, diese unglaubliche Szenerie vor mir, an einem meiner Lieblingsorte, bei einer meiner Lieblingsbeschäftigungen, erkannte ich urplötzlich: Ich bin nicht glücklich.

Einen Augenblick stand ich bloß da, starrte auf diese Bergkette, versuchte zu verstehen, warum ich nicht glücklich war. Ich konnte es mir nicht vorstellen. Wie konnte das sein? Ich ließ den gesamten Tag Revue passieren, vor allem die Zeit, die ich mit Skifahren verbracht hatte. Dann dämmerte es mir. Den ganzen schönen Tag lang war ich in Gedanken anderswo gewesen. Ich dachte über meine Karriere nach, darüber, ein Haus zu kaufen, an die Heimreise, daran, ob mein Wagen anspringen würde, nachdem ich zwei Wochen fort gewesen war. Ich beschäftigte mich mit allem, was ich *tun würde*, aber nicht mit dem, was ich *tat*.

Ich fragte mich, ob ich auch nur einen einzigen Augenblick dieses Tages genossen hatte, während er geschah. Dann versuchte ich mich zu erinnern, wann ich das letzte Mal einen bestimmten Augenblick genossen hatte. Ich mußte zugeben, daß das geraume Zeit her war. Das erschreckte mich so, daß ich meine Ski abschnallte und mich in den Schnee setzte. Ich starrte weiterhin auf die Berge Utahs. Es dauerte eine Weile, aber zum ersten Mal an diesem Tag befand ich mich im derzeitigen Augenblick. Ich fing an, alles um mich herum zu genießen. Es war friedlich. Es war herrlich. Ich weiß nicht, wie lange ich so im Schnee saß, aber Zeit war unwichtig. Es war ein freudiger Augenblick.

Erst nachdem ich gelernt hatte, im Hier und Jetzt zu leben, erfuhr ich echte Freude. Wie konnte ich vorher nur immer so gedankenverloren sein? Ich fing an, mich zu fragen, warum sich die meisten Menschen auf die Vergangenheit oder die Zukunft konzentrieren, während ihr Leben doch in der Gegenwart stattfindet. Ich mußte mich selbst fragen, warum ich ständig an die Zukunft dachte. Die Antwort lautete immer, daß man mit etwas in der Gegenwart unzufrieden war. Aufgrund dieser Unzufriedenheit war ich davon besessen, meine Zukunft besser zu gestalten. In gewisser Weise opferte ich also der Zukunft meine Gegenwart, ohne zu begreifen, daß die Zukunft niemals wirklich eintrifft. Sie bleibt immer die Zukunft! Von diesem Tag an beschloß ich, so viele gegenwärtige Augenblicke zu genießen, wie ich nur konnte. Schon bald darauf fing ich an, den Augenblick, das Hier und Jetzt regelmäßig zu erleben, und häufig folgte darauf wahre Freude. Das hat mein Leben verändert.

Schritt zehn

Ich fing an, dieses Wissen in meiner Arbeit zu verwenden – mit tollen Ergebnissen! Ich stellte fest, daß fast keiner, mit dem ich arbeitete, im Hier und Jetzt lebte. Meistens lag das daran, daß ihnen etwas an der Gegenwart mißfiel, häufig etwas an ihnen selbst. Wenn diese Menschen es lernten, sich zu akzeptieren und Eigenschaften an sich selbst im Hier und Jetzt zu schätzen, dann konnten sie leichter in der Gegenwart leben. Und sie erlebten häufiger den Durchbruch zur »echten Freude«.

Für Menschen, die mit Gewichtsproblemen kämpfen und häufig mit sich selbst sehr unglücklich sind, sind diese Ideen schwer zu verstehen. Für gewöhnlich glauben sie, nur glücklich und froh sein zu können, wenn sie das Gewicht losgeworden sind. Doch das ist fast nie der Fall. Wenn dieselben Personen ihr Zielgewicht erreichen, stellen sie fest, daß sie noch immer unglücklich mit sich sind. Und fast immer fallen sie dann in ihre alten Gewohnheiten, schlechte Ernährung und körperliche Inaktivität zurück, um den Schmerz zu überdecken.

Ich kann die Bedeutung des Lebens im Hier und Jetzt gar nicht genug betonen. Sie müssen jeden Augenblick erfahren, sowohl die guten wie die schlechten Momente, die Ihr Leben ausmachen. Das läßt Sie offen werden für Empfindungen echter Freude, und darum geht es doch im Leben. Schließlich ist echte Freude ein Ausdruck von Liebe.

Werden Sie für Kummer und Traurigkeit empfänglich sein, wenn Sie im Hier und Jetzt leben? Ja, das werden Sie. Sie wissen sicher, daß auch sie Bestandteil des Lebens sind. Denken Sie nur einfach daran, daß Sie die wahre Freude noch tiefer erleben können, wenn Sie auch Kummer und Traurigkeit zulassen. Zeitweilige Rückschläge sind verkappte Chancen – Chancen, sich zu bessern.

Wie stellen Sie es nun an, im Augenblick zu leben und echte Freude zu empfinden? Dies ist tatsächlich eine spirituelle Frage, und unterschiedliche Menschen schlagen unterschiedliche Wege ein, um Liebe zu erfahren und auszudrücken. Sie sollten einen Weg einschlagen, der Ihren Werten entspricht. Sie können damit beginnen, sich des Konzepts eines Lebens im Hier und Jetzt bewußt zu werden. Bemühen Sie sich, jeden Tag reale Augenblicke zu erfahren. Wenn Sie anfangen, sich selbst zu akzeptieren, werden Sie bald feststellen, daß Sie häufiger im Hier und Jetzt leben. Auf jeden Fall sollten Sie in der Lage sein, Gefühle der echten Freude wahrzunehmen. Sie haben sich immerhin so gern, daß Sie dieses Buch lesen und seine Prinzipien übernehmen wollen, und damit haben Sie den Prozeß bereits begonnen.

Selbst das regelmäßige Training wird Ihnen helfen, im Hier und Jetzt zu

bleiben. Es gehört mit zu den besten Lehrern, die ich kenne. Lassen Sie mich das erklären. Das Training zwingt Sie – vor allem, wenn Sie auf Stufe sieben oder acht trainieren –, im Hier und Jetzt zu sein. Sie werden bald sehen, daß Sie gar nicht anders können, als zu erkennen, was Sie fühlen. Sie werden sich Ihres Atems bewußt, jedes Muskels, der arbeitet, Ihrer Erschöpfung. Ihnen bleibt keine andere Wahl, als im Hier und Jetzt zu sein. Versuchen Sie nur einmal, während des Trainings an die Vergangenheit oder die Zukunft zu denken! Was ich damit sagen will, ist, daß das tägliche Training Sie zwingt, sich auf das zu konzentrieren, was Sie gerade erleben. Also leben Sie im Hier und Jetzt, zumindest für die Dauer einer Trainingseinheit.

Das Training wirkt wie ein Minikurs für das Leben im Hier und Jetzt, ein Kursus, an dem Sie fast täglich teilnehmen. Wenn Sie erst einmal damit angefangen haben, wenigstens einmal täglich im Hier und Jetzt zu sein, werden Sie diese Erfahrung wohl bald auch zu anderen Zeiten machen. Schließlich werden Sie feststellen, daß Sie ziemlich häufig im Hier und Jetzt leben. Vielleicht wollen Sie dann andere Dinge ausprobieren, Dinge, an die Sie nie auch nur im Traum gedacht hätten.

Dies ist erst kürzlich einigen Teilnehmern an der Frühlingskampagne »Get

Movin' with Oprah« passiert. Im Frühjahr 1995 hat Oprah eine Reihe von Shows und Wanderungen durchs Land aufgezeichnet, um die Leute auf Fitneß und richtige Ernährung aufmerksam zu machen. Monate später erhielt sie plötzlich Anrufe und Briefe von einigen Teilnehmern. Viele von ihnen berichteten, daß sie versuchten, etwas Neues im Leben anzufangen. Sie nahmen Tennis- oder Golfunterricht oder hatten Tanzstunden. Sie erzählten von verschiedenen Gesellschaftsereignissen, an denen sie teilgenommen hatten, von Abenteuerreisen, Fahrten im Heißluftballon, ja, sogar vom Bergsteigen im Himalaya. Der Beschreibung dieser Ereignisse folgten fast immer die Worte: »Das hätte ich früher nie gemacht.« Ich freue mich immer wieder, wenn ich solche Geschichten höre, weil ich weiß, daß im Leben dieser Menschen wirklich eine Veränderung stattgefunden hat.

Dasselbe ist auch Oprah passiert. Sie tut jetzt alles mögliche, was sie früher nicht einmal geträumt hätte: Sie nimmt an Wettrennen teil, schwimmt, paddelt, wandert im Grand Canyon, fährt Inlineskate, und zur Eröffnung der letzten Show für die Get-Movin'-Kampagne hat sie sogar auf einem Elefanten geritten. Ihr Leben ist wirklich ganz anders als vor drei Jahren. Und auch Ihr Leben wird sich ändern.

Sie werden bald ein besseres Verhältnis zu sich selbst bekommen, und das allein reicht schon aus, damit Sie sich akzeptieren. Diese Selbstakzeptanz und das Leben im Hier und Jetzt werden dazu führen, daß Sie häufiger Gelegenheit haben, wahre Freude zu erfahren. Wenn Sie diese Gefühle erst einmal regelmäßig spüren, steuern Sie darauf zu, sich selbst zu lieben. Und das ist eine schöne Erfahrung.

Als ich Oprah kennenlernte, sah ich nie, daß sie sich freute. Ich fing an, mir ihre Sendung anzusehen, und erhaschte hin und wieder Anzeichen dafür, daß sie Freude ausdrückte. Aber das war im Fernsehen. Im wirklichen Leben sah ich das nie. Eines Tages – wir machten gerade eine Wanderung durch Indiana – beschloß ich, sie danach zu fragen. Ich arbeitete erst seit drei oder vier Monaten mit ihr, wußte deshalb nicht, wie sie auf eine solch persönliche Frage reagieren würde. »Wie oft im Leben freuen Sie sich?« fragte ich. Sie schien überrascht. »Wie meinen Sie das?« Ich wiederholte meine Frage. »Wie oft erleben Sie ehrliche Freude?« Diesmal blieb sie abrupt stehen und sagte nichts. Da fragte ich sie, wann sie das letzte Mal einen wirklich freudigen Augenblick erlebt hatte. »Ah. Ich werde versuchen, mich zu erinnern«, meinte sie. »Wahre Freude. Ich glaube, das war 1985, als ich *Die Farbe Lila* drehte. Ich habe jeden einzelnen Augenblick davon geliebt.« Ich ließ das Thema fallen, aber ihre Antwort stimmte mich traurig. Ich sah ihr an, daß es ihr ebenso ging. Wir schrieben das Jahr 1993. Seit Jahren hatte sie sich nicht mehr richtig gefreut.

Ich dachte an ihren typischen Tagesablauf: zwei Sendungen aufzeichnen, sie ansehen, täglich Hunderte von Entscheidungen treffen, die die Zukunft ihrer Firma sowie künftige Projekte betreffen, Tausende von Anfragen sichten, die sie jede Woche bekommt. Der Tag war angefüllt mit Unmengen von Dingen, die zu tun waren, und sie konzentrierte sich immer auf das, was sie als nächstes tun mußte. Die einzige Ausnahme war ihre Show. In dieser Stunde war sie gelegentlich fähig, im Hier und Jetzt zu leben. Aber hinzu kam zu allem Überfluß, daß sie mit sich selbst nicht glücklich war, was größtenteils daran lag, daß ihre Vergangenheit noch immer schmerzlicher Teil ihrer Gegenwart war. Nachdem sie soviel Zeit mit ihrer Vergangenheit und damit verbrachte, sich auf die Zukunft zu konzentrieren, war mir klar, daß sie nur wenig Zeit hatte, im Hier und Jetzt zu verweilen. Kein Wunder, daß sie sowenig Freude hatte.

Die Zeit verging, Oprah hatte mehr Erfolg mit ihrem Abmagerungsprogramm, und ich sah hin und wieder so etwas wie Glück an ihr. Im ersten Sommer, nachdem ich angefangen hatte, mit ihr zu arbeiten, waren wir einmal auf ihrer Farm. Ein paar ihrer Freundinnen waren zu Besuch. Wie sie so auf Oprahs Veranda saßen und sangen, waren sie das perfekte Bild der Damen aus den amerikanischen Südstaaten, mit Sonnenkleidern und breitkrempigen Hüten. Als ich mich der Veranda näherte, um Oprah zu sagen, daß ich für unser zweites Training des Tages fertig wäre, warf sie mir einen fast trotzigen Blick zu. »Bob, ich hatte den besten Tag, den man sich nur vorstellen kann, und ich werde heute nicht noch einmal trainieren.« Sie sah bei diesen Worten so glücklich aus, daß ich nur sagen konnte: »Viel Spaß dann.« Zwei Wochen später war Oprah erneut mit denselben Freundinnen auf der Farm, und wieder trugen sie alle Hüte. »Oje«, scherzte ich, »jedesmal, wenn ich diese Hüte sehe, bedeutet das Ärger für mich.« Wir lachten alle. Aber diesmal war Oprah zum Training bereit.

In diesem Sommer trug sie oft einen Hut.

Diese glücklichen Augenblicke wurden häufiger und intensiver. Aber der glücklichste Augenblick, den ich miterleben durfte, kam im Oktober 1994. Während des Marine Corps Marathon in Washington, D.C. waren wir mehr als vier Stunden durch strömenden Regen gelaufen. Oprah war das Rennen perfekt gelaufen. Ich blickte auf und sah die 25-Meilen-Markierung. Es war ganz klar, daß sie es schaffen würde. Ich drehte mich um und sah Oprah mit Tränen in den Augen.

Sofort dachte ich an die Zeit, als ich ihr zum ersten Mal begegnet war. Damals wog sie über zwei Zentner und konnte mir nicht in die Augen schauen. Ich dachte an all die Hindernisse, die sie überwinden mußte – ihre schwierige Kindheit, ihre Freßsucht, ihr arbeits- und streßreiches Leben –, um an jenem Tag dort zu sein. Ich erinnerte mich an all die harte Arbeit, Selbstdisziplin, ihr Verlangen und ihre Hingabe, die sie im Laufe der letzten zwei Jahre gezeigt hatte, um sich auf diesen Lauf vorzubereiten. Ich ging so viele Erinnerungen an ihre Reise durch. Ich dachte an all die Meilen, die sie auf staubigen Straßen in Indiana gelaufen war. Ich dachte daran, wie sie über die Pfade von Telluride gewandert war. An die Trainingsstunden um fünf

Schritt zehn

Schritt zehn

Uhr morgens, an den Grand Canyon, die Hügel von Umbrien und fritierte Calamari. Ich sah sie vor mir, einen Hut auf dem Kopf und aus vollem Halse singend. Ich dachte daran, daß sie ihr Zielgewicht erreicht hatte und ein Kleid Größe achtunddreißig tragen konnte. Ich dachte an all die langen Läufe, daran, daß sie trotz aller Erschöpfung weitergelaufen war.

Und als ich in ihre Augen blickte, in denen Tränen standen, wußte ich, daß auch sie sich erinnerte. Ich hatte sie nie zuvor so glücklich gesehen. Es war ein unvergeßlicher Augenblick.

Was Oprah erfuhr, war der Höhepunkt einer Reise, die damit angefangen hatte, daß sie sich selbst kennenlernte, die Verantwortung dafür übernahm, wer und was sie war, wußte, was sie wollte, und hart dafür arbeitete, sich selbst akzeptierte, im Hier und Jetzt lebte und Freude verspürte. In diesem Augenblick drückte sie Liebe aus.

Und wissen Sie was? Aus diesem Grund sind wir auf der Welt.

Fotonachweis

Judie Burstein, S. 8
Retna Ltd., S. 9
Richard Avedon, für Revlon, S. 20
Oprah Winfrey Collection: S. 25, 32, 40, 41, 177, 215, 218 (beide); 219 (beide)

Harpo Productions, Inc.:
Richard Shay, © 1985, S. 12
Stephen Green, © 1994, S. 26 (oben links; unten links)
Paul Natkin, © 1988, S. 18
Paul Natkin, © 1989, S. 26 (oben rechts)
Paul Natkin, © 1987, S. 26 (unten rechts); S. 27 (unten rechts)
Paul Natkin, © 1990, S. 27 (oben links)
Paul Natkin, © 1992, S. 27 (unten links)
Harrison Jones, © 1988, S. 27 (oben rechts)
Harrison Jones, © 1986, S. 14, 15

Mit freundlicher Genehmigung:
The National Enquirer, S. 34 (beide); S. 35 (oben; unten links)
Matt Mendelsohn / LGI, S. 35 (unten rechts)
Fitness Magazine, Screbneski, S. 96
Runner´s World Magazine, S. 97

Harpo Entertainment Group, S. 37, 50, 79, 90, 99, 169
Harpo Entertainment Group, Steve Green, S. 57
Harpo Entertainment Group, Richard Shay, S. 80

Tim de Frisco © 1996:   S. 69, 101, 111, 112, 113, 114, 179, 181,
                        S. 185 (beide); 191, 213, 214

Harry Benson, S. 83, 127, 143, 150 (beide); 205

Copyright © 1996, Harpo Inc., und Bob Greene und Oprah Winfrey

Illustrationen von Julie Johnson

Titel der amerikanischen Originalausgabe: *Make The Connection*
Published in the United States and Canada as *Make The Connection*
by Hyperion, 114 Fifth Avenue, New York, N.Y. 10011, USA
This translated edition published by arrangement with Hyperion.

Sonderausgabe
© der deutschsprachigen Ausgabe:
Econ Ullstein List Verlag GmbH & Co. KG, München
Das Werk erscheint im Ullstein Verlag
Alle Rechte vorbehalten.
Die Verwertung der Texte und Bilder, auch auszugsweise, ist ohne
schriftliche Zustimmung des Original-Verlages bzw. des Lizenznehmers
urheberrechtswidrig und strafbar. Dies gilt auch für Vervielfältigungen,
Übersetzungen, Mikroverfilmungen und für die Verarbeitung
mit elektronischen Systemen.

Übersetzung aus dem Amerikanischen: Dagmar Hartmann
Umschlaggestaltung: Theodor Bayer-Eynck
Fotos: Harry Benson und Harpo Entertainment
Satz und Lithos: Realis Verlags GmbH, München
Druck und Bindung: Westermann Druck Zwickau GmbH
Printed in Germany 2000

Gedruckt auf alterungsbeständigem Papier
mit chlorfrei gebleichtem Zellstoff
ISBN 3-550-08601-6